Eva und Ulrich Klever

Selber Brot backen

Knusprig-frische Brotgenüsse, die jedem gelingen

GU
Gräfe und Unzer

Umschlagvorderseite: Knusprig-frische Brotgenüsse für jeden Geschmack, ob Sie nun Fladen, feines Zopf- oder Weißbrot, kerniges Hafer- oder Roggenbrot lieben.
2. Umschlagseite: Gute Zutaten helfen zum guten Gelingen. Stellen Sie vor Backbeginn immer alles bereit. Siehe Seite 17.
3. Umschlagseite: Das vielseitige Weißbrot können Sie in 15 Varianten aus dem gleichen Grundteig backen. Rezept Seite 22.
Umschlagrückseite: Alle Brote dieses Buches gelingen im normalen Haushaltsbackofen, so auch das kräftige Roggenbrot. Rezept Seite 19.

Farbfotos:
Johannes Rauch (2. Umschlagseite, Seite 10, 28, 37, 38, 3. Umschlagseite, Umschlagrückseite);
Fotostudio Teubner (Titelbild, 9, 27, 55, 56);
Für das Vierkornbrot (55) stellte Firma Fissler, Idar-Oberstein, freundlicherweise den Saftomat zur Verfügung.

CIP-Kurztitelaufnahme der Deutschen Bibliothek

Klever, Eva

Selber Brot backen: knusprig-frische Brotgenüsse, d. jedem gelingen / Eva u. Ulrich Klever. – 11. Aufl. – München: Gräfe und Unzer, 1985.

ISBN 3-7742-3279-2

NE: Klever, Ulrich:

11. Auflage 1985
© Gräfe und Unzer GmbH, München

Redaktion: Antje Schunka
Zeichnungen: Gerlind Bruhn
Umschlaggestaltung: Constanze Reithmayr-Frank
Satz und Druck: Druckerei Georg Appl
Reproduktion: Brend'amour, Simhart & Co.
Bindung: R. Oldenbourg

ISBN 3-7742-3279-2

Eva und Ulrich Klever,
jetzt über 40 Jahre miteinander verheiratet, arbeiten seit vielen Jahren zusammen. Eva Klever, nach Buchhandelslehre und Studium der Germanistik, führte einige Jahre den landwirtschaftlichen Betrieb ihrer Eltern und dann für ihren Mann und ihre Tochter Haushalt, Büro und Archiv. Ulrich Klever wurde nach Studium von Zoologie und Ernährungsphysiologie Journalist und kam über die Feinschmeckerei zum Kochen.
Eva Klever führt die Versuchsküche, während Ulrich Klever 15 Jahre lang eine wöchentliche Kochkolumne schrieb, zuerst im »Stern«, dann in »Frau im Spiegel«. Als Fernsehkoch hatte er im ZDF über 300 Kochsendungen. Seine zahlreichen Kochbücher – vielfach prämiert von der Gastronomischen Akademie Deutschlands – wurden fast alle zu Bestsellern, so wie dieses Brotbuch, das auf Anregung von Eva Klever entstand und für das sie alle Brote gebacken hat.
Die Neuausgabe wurde völlig überarbeitet, aktualisiert und durch ein großes Kapitel mit Schrotbroten und -brötchen erweitert, die sowohl dem Anfänger gelingen wie für den fortgeschrittenen Selbstbäcker unerläßlich sind. Bei den Kleverschen Gästen, die zu den Versuchsbroten eingeladen wurden, haben sie Begeisterung ausgelöst. Bei Familie Klever gehören sie inzwischen zum festen Bestandteil ihrer Frühstücke und Abendessen.

Sie finden in diesem Buch

Sie finden in diesem Buch

Brot aus dem eigenen Ofen

Seit Jahren backen wir Brot. Weil wir Brot gerne essen, weil wir den Geruch lieben, der beim Backen entsteht, jenen Urduft nach frischer, knuspriger Kruste, und weil wir in der Küche möglichst schöpferisch arbeiten wollen.

Erfreulicherweise ist das Brotbacken heute wieder zu einem verbreiteten Hobby geworden. Viele Menschen haben erkannt, daß es nicht nur Spaß macht, sondern daß die Brote aus dem eigenen Ofen auch besser schmekken. Deshalb haben wir diesen GU Küchen-Ratgeber jetzt aktualisiert und erweitert. Für die Liebhaber von Vollkornbrot gibt es erstmals ein großes Kapitel »Brot mit Schrot«, außerdem viele neue Genüsse aus unserer eigenen Brotbackstube und noch schönere Farbbilder. Auch Erfahrungen mit neuen Backmethoden haben wir natürlich aufgeschrieben. Und neue Zeichnungen erläutern unsere Tips für alle, die wie wir Brot gerne selber backen wollen.

Brotbacken ist von Anfang an ein schöpferischer Akt: Man tut Lebendiges dazu (eine Art Schöpfung erlebt man jedesmal, wenn Trockenhefe lebendig wird), man macht aus verschiedenen Bestandteilen einen Ballen, man knetet mit Kraft und konzentrierter Bedachtsamkeit, und wenn dann das fertige Brot nach der Wartezeit des Backens knusprig, warm und appetitmachend aus dem Ofen kommt, dann hat man eine schöpferische Befriedigung. Werden alle Erwartungen enttäuscht, dann fällt die Freude allerdings so zusammen wie das mißlungene Brot.

So ist es uns bei Versuchen gegangen, und Leserbriefe haben das bestätigt. Deshalb war unser wichtigster Grundsatz: Brotrezepte müssen mehrfach ausprobiert werden. So ist jedes Rezept mindestens dreimal von uns und noch zweimal von je einer Backunerfahrenen nachgebacken worden. Und alle Farbfotos in diesem Buch zeigen fertige Brote, die nach unseren Rezepten selbstgebacken wurden. Alle Brote sind in unserem normalen Backofen entstanden, aus Zutaten, die man überall kaufen kann.

Die Rezepte sind so geschrieben, daß jeder ohne Schwierigkeiten nach ihnen backen kann. Dabei haben wir eine Bitte an die Neulinge und die Erfahrenen: halten Sie sich an die Rezepte, so wie sie aufgeschrieben sind, und lassen Sie sich bei der Zubereitung durch nichts ablenken. Nur dann garantieren wir Erfolg.

Aus unserer ständigen Arbeit für Zeitschriften und das Fernsehen kennen wir die Wünsche derer, die selber Brot backen wollen, sehr genau. Wir kennen auch ihre Vorkenntnisse und kulinarischen Fähigkeiten. Aus diesem Wissen ist dieser Back-Ratgeber entstanden. Viel Erfolg wünschen

Eva und Ulrich Klever

Vor dem Start zu lesen

Die drei Grundteige

Die Selber-Brotback-Mode wurde vor einigen Jahren durch die Sehnsucht nach der guten alten Zeit zugleich mit dem Trend, in Großmutters Kleider zu schlüpfen und sich dunkel und altdeutsch einzurichten, ausgelöst. Dann drohte sie wieder in den Dornröschenschlaf zu fallen, wurde aber geweckt und neu belebt durch die Suche und das Verlangen nach natürlicher, von möglichst wenig Chemie, Sterilisation und Perfektion beleckter Nahrung. Wir wollen wissen, was in unserem Brot ist, und so backen wir selbst. Es stört uns dann wenig, wenn unsere Hausbackbrote nicht zirkelrund und auch mal rissig an der Oberfläche sind. Das ist sogar ihr besonderer Charme. Und jeder wird nicht nur Ihr selbstgebackenes Brot, sondern auch Sie loben – und das wiederum spornt zu immer neuen Versuchen an. Machen Sie es wie wir!

Für Brot gibt es drei Grundteige:
- Hefeteig
- Sauerteig
- Backpulverteig.

Manches Rezept verlangt eine Mischung von Hefe- und Sauerteig oder eine Mischung von Hefe- und Backpulverteig. Hefe- und Sauerteigbrote erkennt man an ihrem unterschiedlichen stark aromatischen Geruch, das Hefeteigbrot ist meist feinporiger als das Sauerteigbrot, das wiederum lockerer und saftiger sein kann. Backpulverbrote und -brötchen haben den großen Vorteil, daß sie nicht gehen müssen und daher wesentlich schneller zubereitet werden können. Ihre Konsistenz bleibt mehr in der Nähe von Rührkuchen.

Der Hefeteig   *yeast dough*

Die Hefepilze gehören zur großen Familie der Bakterien, die Speisen verderben oder aber erst richtig bekömmlich machen können. Ihre Triebkraft zum Backen auszunutzen, wurde sicher durch Zufall und den Mut zum Ausprobieren schon in der Stein- oder Bronzezeit entdeckt: als ein früher Bäcker einen Brei aus grobgemahlenen Körnern und Wasser stehen und damit gehen ließ und dann noch den Mut hatte, diesen »lebendigen Teig« zu backen.

In einem Hefewürfel von 40 g sind etwa 4 Millionen dieser Hefepilze zusammengepreßt. Trocknet man sie im Vakuum, so wird ihre Triebkraft in einen Dauerschlaf versetzt: die *Trockenhefe*. Sie ist monatelang haltbar und wird unter das Mehl gemischt. Sie wird erst im Teig wieder lebendig. *Preßhefe* (Würfel) wird immer mit lauwarmem Wasser oder Milch gelöst. Die meisten Rezepte verlangen, daß diese Mischung mit etwas Mehl vermischt einige Minuten warm stehenbleibt, bis ein Vorteig entsteht. Beschleunigt wird dieser Vorgang durch Zugabe von 1 Teelöffel (oder mehr) Zucker oder Honig. Salz in direkter Verbindung mit Preßhefe verhindert die Triebkraft, es wird erst nach dem Vorteig dazugegeben. Bei Trockenhefe kann es gleichzeitig mit ins Mehl gemischt werden.

Jeder zubereitete Hefeteig muß gehen. Daraus ergeben sich die bei den Rezepten angegebenen sehr langen Zubereitungszeiten. Wenn Sie ein Brot des öfteren gebacken – also im Griff – haben, wagen Sie den Versuch, das Hefequantum zu verdoppeln und den noch nicht gegangenen Teig zu formen. Dann geben Sie ihn in den auf 50° C vorgeheizten Backofen (niedrigste Gasstufe), lassen ihn fast doppelt so groß werden, schalten

6

auf die vorgeschriebene Temperatur und verlängern die angegebene Backzeit um einige Minuten.

sour-dough

Der Sauerteig   Bild Seite 9

Wollen Sie den Sauerteig selbst zubereiten, gibt es dafür die verschiedensten Rezepte. Warnen muß ich vor Rezepten mit Milch aus Großmutters Kochbuch: unsere heutige Milch eignet sich nicht mehr dazu, und Milch vom Bauern bekommen nur die wenigsten. Sowohl für Brot aus feinen Mehlsorten wie für Vollkornschrotbrote eignen sich die beiden folgenden Sauerteigrezepte.

Sauerteig auf Vorrat

1 Päckchen Trockenhefe oder ½ Würfel Preßhefe · 1 l lauwarmes Wasser · 2 gestrichene Eßl. Zucker · 500 g Weizenmehl Type 405

Die Hefe in einem hohen 5-Liter-Gefäß mit dem lauwarmen Wasser anrühren, den Zucker dazugeben und nach und nach das Mehl einrühren. Möglichst klumpenfrei rühren. Mit Teller oder Topfdeckel abdecken und an warmem Ort 24–48 Stunden stehenlassen. • Nach 24 Stunden einmal durchrühren – wenn es vergessen wird, macht es auch nichts. Bereits nach 24 Stunden kann der Sauerteig verwendet werden, das volle Aroma hat er aber erst nach 48 Stunden und danach. Ergibt einen fast flüssigen, hellen Sauerteig, mit dem wir gerne und viel in Verbindung mit Hefe oder Backpulver arbeiten. • Der Sauerteig kann für gut 10 Tage (Gefäß mit Folie abgedeckt) im Kühlschrank aufbewahrt werden. Er reicht für 6–8 Brote je aus 1 kg Mehl.

Ist die Hälfte vom Sauerteig verbraucht und Sie benötigen bald wieder größere Quanten, so geben Sie ½ l lauwarmes Wasser und 250 g Mehl daran und stellen ihn 24 Stunden warm. Dann zurück in den Kühlschrank.

Kleiner Sauerteig

250 g Weizenvollkornschrot Type 1800 mittelfein · je 1 gestrichener Teel. gemahlener Kümmel und Koriander · 1 Eßl. Honig · ¼ l Wasser · Mehl zum Bestäuben

Den Weizenschrot mit den Gewürzen mischen, den Honig zufügen und mit dem lauwarmen Wasser zu einem glatten dicken Brei abrühren. Dünn, aber gleichmäßig mit Mehl bestäuben, damit keine zu trockene Haut entsteht. 2–3 Tage zugedeckt und warm gestellt gären lassen. • Alle 24 Stunden einmal durchrühren. Das darf nicht vergessen werden! Am 3. Tag – wenn er nicht gleich verwendet wird – in verschlossenem Marmeladeglas in den Kühlschrank stellen. • Haltbarkeit etwa 6–8 Monate. Ausreichend für 2–3 Brote von je 500 g Mehl oder Schrot.

Vorgefertigte Sauerteige

Grundansatz und *Spezial-Backferment-Granulat* nach Hugo Erbe gibt es von Sekowa in Reformhäusern und Alternativläden zu kaufen. Der Grundansatz ist teigartig, hält sich im Kühlschrank monatelang, und das ist gut, denn man benötigt nur 1 Teelöffel Grundansatz und 1 Teelöffel Backferment für 1 kg Mehl oder Schrot. Der Vorteig-Ansatz muß 12–24 Stunden gehen. Es wird ohne Zusatz von Hefe gebacken.

Roggenbrot (Rezept Seite 19) wird vorzugsweise ▷
mit Sauerteig (Rezepte Seite 7) verbacken.
Zum Bild auf Seite 10: Deftige Western-Sauerteig-
brötchen. Rezept Seite 64.

Natur-Sauerteig aus biologischem Roggenmehl und Wasser gibt es von Hensel in Reformhäusern, abgepackt zu 150 g für
500–1500 g Mehl mit einer Haltbarkeit von
24 Monaten. Der Natur-Sauerteig wird einfach in Hefe-Brotteige mit eingeknetet.
Sauerteig instant – auch das gibt es bereits –
treibt unseren Erfahrungen nach nicht, sondern gibt nur Saueraroma. 1 Beutel Vitam
Sauerteig Extrakt und 1 Beutel Vitam-Hefe-
instant sind ausreichend für 500 g Mehl. Beides in Reformhäusern und in Läden, die
Neuform führen, erhältlich.

Der Backpulverteig

Er läßt sich wie Kuchen rühren und in der
reinen Zubereitungszeit noch wesentlich ver-
kürzen, wenn Sie immer den folgenden Mix
im Tiefkühlgerät zur Verfügung haben.

Backpulver-Tiefkühl-Mix

*800 g Weizenmehl Type 405 · 4 Päckchen
Backpulver · 2 gestrichene Teel. Salz · 200 g
Butter oder Margarine*

Das Mehl in eine große Schüssel sieben, das
Backpulver und das Salz untermischen. Die
sehr kalte Butter oder Margarine in Flocken
daraufsetzen. Mehl und Butter mit trockenen
Händen so lange miteinander verreiben, bis
alles wie ganz feiner Grieß ist. In luftdicht
verschlossenem Plastikbeutel sofort einfrieren. • Hält sich im Gefriergerät 3–4 Wochen. • Benötigte Menge jeweils abwiegen
und 15 Minuten bei Zimmertemperatur stehenlassen. Dann kann nach Rezept angerührt
und gebacken werden.

Die Rezepte

Bevor wir uns nun an die Hauptsache, das
Backen machen, zwei wichtige Hinweise:

Die Zubereitungszeit

In der Zubereitungszeit ist bei den Hefe- und
Sauerteigbroten das Gehenlassen enthalten,
deshalb dauert es manchmal so lange. Die
Triebkraft der Hefe und des Sauerteigs läßt
das Brot aufgehen. Die Länge der Zeit ist ab-
hängig von der Hefemenge, der Schwere der
Mehlsorten, dem Flüssigkeitsanteil und den
übrigen Zutaten. Wichtig ist vor allem, den
Teig nur so lange gehen zu lassen, bis er sich
verdoppelt hat. Je feiner das Mehl, desto ge-
wölbter wird der Teig aufgehen. Bei Teigen
mit starkem Vollkornschrotanteil zeigt sich,
daß er genügend gegangen ist, daran, daß die
Wölbung wieder abzuflachen beginnt. Muß
die Arbeit unterbrochen werden, schlägt man
den Teig zusammen, stellt ihn für die Zeit der
Unterbrechung in den Kühlschrank und
macht dann weiter.

Die Kalorienangaben

Die Joule- und Kalorienangaben sind zwar
für die Grundmenge exakt berechnet, aber
natürlich sind nicht alle Scheiben, Streifen
oder Stücke von runden oder länglichen Broten gleich, nicht alle Brötchen wie Zwillinge.
Auch schneidet man frisches Brot dicker als
älteres. Beachten Sie das bitte, wenn Sie nach
Kalorien leben.

Und nun ans Werk: die Brote wollen gebakken sein!

Backbemerkungen von A bis Z

Abdecken, zudecken: Hefe- und Sauerteige müssen, um aufzugehen, mit einem Küchentuch abgedeckt werden. Hat der Brotteig einen großen Vollkornschrotanteil, deckt man erst dicht mit Folie, dann mit dem Tuch ab.

Abschlagen: Der meist noch weiche Teig wird mit einem Holzlöffel kräftig von unten her gegen die Wand der Schüssel geschlagen, wobei man sie mit der anderen Hand am besten gegen den Körper drückt. Beim Abschlagen binden sich alle Zutaten, das Mehl beginnt etwas anzuziehen, der Teig sich von der Schüssel zu lösen und Blasen zu schlagen.

Anziehen lassen: Ist ein Teig zunächst – selbst nach dem Abschlagen – noch sehr weich, lassen Sie ihn 10 Minuten stehen, das Mehl quillt etwas auf und zieht an. Nur notfalls etwas Mehl nachgeben.

Aufbewahrung: Hefe- und Sauerteigbrote nicht luftdicht verschlossen aufbewahren, sie brauchen etwas Ventilation, sonst wird die Kruste ledrig, zäh und unansehnlich.

Backpulverbrote und -brötchen immer luftdicht verschlossen und kühl aufbewahren. Sie halten in Alufolie dicht verpackt am längsten.

Ausgemehlte, ausgeölte Schüsseln: Läßt man den Teig in ausgemehlter oder ausgefetteter Schüssel gehen oder ruhen, so klebt er nicht an und kann später leicht herausgenommen werden.

Backformen: Im Elektroherd backen Schwarzblechformen intensiver, im Gasherd Weißblechformen. Werden im Elektroherd Weißblechformen oder kunststoffbeschichtete Formen verwendet, muß man die Backzeit um 5–10 Minuten verlängern.

Zu Formen mit Deckel wie Jenaer Glas, Saftomat, Römertopf oder zu einfachen glattwandigen Gußeisentöpfen für Schrotbrote wird kein Wasser mit in den Backofen gestellt. Werden Brote in Kasten- oder Springformen, in feuerfestem Porzellan oder in einer Melitta Backschale gebacken, muß je nach Rezept Wasser dazugestellt werden.

Brötchen lassen sich gut in Ragoutförmchen oder in Muffinsformen (Blechformen mit 6, 12 oder 24 schalenartigen Vertiefungen) backen.

Die Formen immer vortemperieren, damit Hefe- und Sauerteige keinen Kälteschock erleiden!

Backofen: Verschiedene Brote benötigen Dampf oder feuchte Luft zum Backen. Kurzen Dampf können wir erreichen, wenn der Ofen auf höchster Stufe vorgeheizt wird und zugleich mit dem Einschieben des Brotes eine Tasse sehr kaltes Wasser auf den Backofenboden gegossen wird. Backofentüre sofort schließen. Manchmal muß man den Dampf nach 5 Minuten herauslassen; meistens verflüchtigt er sich, da unsere Öfen nicht so dicht sind wie die Bäckeröfen. Weitere Feuchtigkeit bekommen wir, indem wir eine Tasse Wasser mit in den Backofen stellen und/oder die Brote in der zweiten Backzeithälfte einige Male mit etwas Wasser bespritzen. Durch die Feuchtigkeit kann die Oberfläche der Brote nicht so leicht reißen und sie bekommt bereits einen matten Glanz.

Seit zwei Jahren neu auf dem Markt und daher noch teuer sind Elektroherde mit regulierbarer Dampfzufuhr, die die Tasse Wasser überflüssig macht.

Backpapier: Dieses praktische Backtrennpapier ist sehr zu empfehlen, vor allem für Brote mit langer Backzeit und in Backöfen, die die Neigung haben, zuviel Unterhitze abzugeben. Die Unterseite der Brote wird nicht schwarz, das mit Backpapier ausgelegte Backblech bleibt sauber.

Backtemperatur: Der Backofen muß vorgeheizt werden, damit er beim Einschieben der Brote bereits die benötigte Temperatur erreicht hat. Man rechnet:
    Elektroherd = 12–15 Minuten; Gasherd = 4–6 Minuten.

Backzeiten: Trotz der erprobten Backzeiten kann es immer einmal passieren, daß
    1. das Brot oben »richtig«, aber unten zu hell ist: mit Alufolie abdecken und auf tieferer Schiene nochmals einschieben, 5–10 Minuten nachbacken lassen.
    2. das Brot oben zu hell und unten »richtig« ist: eine Schiene höher einschieben, 5–10 Minuten nachbacken lassen.

Einfetten, einölen: Bei allen Teigen, die lange Zeit oder gar über Nacht gehen müssen, und bei allen Vollkornschrotteigen sollte man die Oberfläche mit Öl oder mit flüssiger Butter bestreichen. So kann sich keine zähe, dicke Haut bilden, die sich so schwer verkneten läßt, daß meist Risse im Brot entstehen.

Einschiebhöhe: Beachten Sie immer, auf welcher Schiene das Brot in den Backofen geschoben werden muß. Die Einschiebhöhe ist von großer Bedeutung. Siehe Backzeiten.

Gabelstiche: Verschiedene Teige brauchen beim Backen die Möglichkeit, sich zu dehnen, ohne daß die Oberseite reißt. Dies wird durch mehrfaches Einstechen mit einer Gabel erreicht.

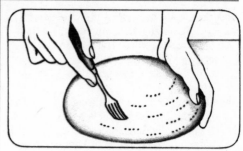

Mit der Gabel in Brote mit wenig Triebmittel stechen, damit der Teig sich besser dehnen kann und lockerer wird.

Garprobe: Brote und Brötchen sind durchgebacken, wenn sie beim Klopfen mit dem Fingerknöchel auf die Unterseite hohl klingen.

Gehen lassen: Die Triebkraft der Hefe und des Sauerteiges lassen den Teig aufgehen. Dazu muß er zugfrei an warmem Ort, mit einem Küchentuch abgedeckt, die in den Rezepten angegebene Zeit stehen. Unter warmem Ort versteht man Zimmertemperatur von etwa 20° C, das Hauptgewicht liegt dabei auf zugfrei. Schwere Teige sollte man wärmer stellen, zum Beispiel über einen Heizkörper oder in den Heizungskeller.

Glanz und Bräune: Es gibt verschiedene Möglichkeiten, die Oberfläche der Brote und Brötchen zu veredeln.
    Matter sanfter Glanz: Brote und Brötchen heiß mit Wasser bepinseln. Im Ofen abtrocknen lassen.
    Seidiger Glanz: Brote und Brötchen heiß mit gezuckerter Milch oder Zuckerwasser bepinseln. Im Ofen abtrocknen lassen.
    Goldbrauner Glanz: Weißbrote und Brötchen vor dem Backen mit verquirltem Ei, Eigelb oder Kondensmilch bepinseln.

Kräftiger brauner Glanz: Roggenbrote und Brötchen heiß mit Kartoffelstärkelösung bepinseln. Im Ofen abtrocknen lassen. Oder vor dem Backen mit verdünnter Kondensmilch bestreichen.

Holzstäbchentest: Bei dicken Broten ist der Test mit dem Holzstäbchen unerläßlich, bei anderen sehr zu empfehlen. Wenn die Backzeit sich dem Ende nähert und das Brot bereits die richtige Farbe hat, durch tiefes Einstechen prüfen, ob das Brot oder Brötchen durchgebacken ist. Das Stäbchen (feiner Schaschlikspieß oder Zahnstocher) muß trokken herauskommen.

Kneten: Häufig beginnt man bei festem Teig bereits in der Schüssel mit der Hand zu arbeiten, bis sich alle Zutaten so weit gebunden haben, daß man auf bemehltem Brett weiterkneten kann. Weicheren Teig schlägt man zunächst mit dem Kochlöffel in der Schüssel ab, bis er sich bindet und kippt ihn dann auf ein stärker bemehltes Brett. Beim Kneten arbeitet man hauptsächlich mit den Handballen, die man etwa in der Mitte des Teigballens an-

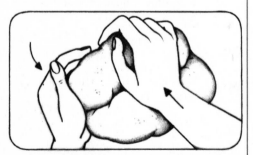

Beim Kneten den Teigballen auf bemehltem Brett von sich weg drücken, mit einer Hand zurückholen, mit der anderen kneten.

setzt, den Teig von sich wegdrückt, dann immer mit einem Handballen wegdrückt und mit der anderen Hand wieder übereinanderschlägt. Zwischendurch Teig wenden, wieder zum Ballen formen und wieder kräftig von sich wegdrücken. Dabei das Brett oder die Arbeitsplatte leicht mit Mehl bestäuben, bis der Teig nicht mehr kleben bleibt, sondern glatt und glänzend ist.

Natürlich dürfen Sie nicht beliebige Mengen Mehl mit einkneten. Manche Teige müssen weich bleiben. Damit dies gelingt, wird zwar auch ausdauernd, aber mit leichterer Hand geknetet, der Teig auch einmal hochgehoben und zwischen den Händen wieder geformt. Bei allen Teigen beim zweiten Kneten darauf achten, daß sich auf der einen Seite eine glatte Teighaut bildet und alle Unebenheiten auf der Unterseite (Teigschluß) des Brotes sind. Soweit Teige beim Kneten eine größere Mehlzugabe verlangen, ist dies in den Rezepten zum Beispiel durch die Angabe 500–550 g ausgedrückt.

Je länger ein Teig geknetet wird, desto feiner wird das Brot. Je dunkler und gröber die Mehlsorten sind, desto länger muß geknetet werden. Hier unseren Dank Frau Anni Huber aus Anning für unermüdliches Teigabschlagen und Kneten.

Korbbrote: Lassen Sie Brot, das auf dem Blech gebacken werden soll, in Ihrem Brotkorb gehen, der mit einem möglichst dünnen, stark bemehlten Tuch ausgelegt wird. Teig hineingeben, andrücken, einölen. Gut sind Körbe aus kräftigem Geflecht, sie geben ein Muster. Den gegangenen Brotlaib auf das gefettete, bemehlte oder mit Backpapier ausgelegte Blech stürzen. Das Mehl etwas abpinseln und das Brot nach den Angaben im Rezept backen.

Küchenmaschinen: Alle Rezepte wurden von uns mit Hand gearbeitet – Anweisungen für Entlastung durch maschinelle Kraft finden Sie in den Gebrauchsanweisungen der einzelnen Geräte. Im Durchschnitt kann man mit einer Arbeitszeitersparnis von 10 bis 15 Minuten rechnen.

Maismehl, Kukuruzmehl: In den Lebensmittelabteilungen der Kaufhäuser, in Supermärkten, Naturkostläden und im Reformhaus gibt es Maismehl in den gängigen Sorten Hammer-Maismehl, Maisgrieß und Kukuruzmehl (neuform).

Mehl, frisch gemahlen: Die Typisierung ist noch lange keine Qualitätsorientierung. Sie legt lediglich für die Mühlen den Ausmahlgrad fest und besagt nichts über die Qualität des Getreides.

Nun sind wir heute in der glücklichen Lage, daß wir uns selbst Mehl in der uns richtig erscheinenden Stärke – von ausgemahlen bis geschrotet – mahlen können. Die Industrie bietet hierfür Mühlen in den verschiedensten Preislagen an. Wir haben die besten Erfahrungen mit der »Homburger« Getreide-Schrotmühle gemacht, die außerdem verschiedene Trommeln für Reiben und Schnitzeln betreibt. Sie ist für den Hausgebrauch in mittlerer Preislage voll ausreichend.

Weizen oder Roggen kaufen wir im Reformhaus, das für die Qualität garantiert, in einem uns bekannten Alternativladen oder einer uns bekannten Mühle. Keinen großen Vorrat einkaufen! Getreide kann schnell ranzig werden und das Brot geschmacklich verändern. Außerdem mahlen wir jeweils unser Quantum erst kurz vor der Verarbeitung. Ebensowenig kaufen wir geschrotetes Getreide, Sojaschrot, Gerstenschrot und Haferschrot auf Vorrat, auch sie werden bald ranzig. Übrigens entspricht das volle Korn etwa der Type 2000.

Für selbstgemahlene Mehlsorten benötigen wir bei der Zubereitung etwas mehr Flüssigkeit, um einen glatten Teig zu bekommen.

Mehlaufbewahrung: Das Mehl nach dem Einkauf aus der Tüte in ein strohtrockenes, verschließbares Gefäß umfüllen und an einem kühlen, trockenen Ort aufbewahren, damit es nicht klumpen kann. So gehen Sie auf alle Fälle sicher, wie schon einst unsere Großmütter, daß das Mehl nicht klumpt. Da unsere Küchenluft heute jedoch nicht mehr so feucht ist (Dunstabzüge, kürzere Kochzeiten etc.), haben wir unser Gebrauchsmehl einfach mit einer hölzernen Schaufel in einem offenen Steinguttopf ohne Deckel stehen.

Mehltypen: Leider liegt der Mehlhandel für den Verbraucher bei uns sehr im argen; im Laden um die Ecke und in den Supermärkten wird nur Type 405 geführt, seit kurzem bei Edeka auch ein Weizen-Vollkornmehl mit der grobflockigen Kleie Type 1700. Um Type 997 (Roggenmehl) zu bekommen, muß man schon ins Reformhaus wandern.

Die festgelegten Typenzahlen für Mehl sind:

Weizen	Roggen
405	610
550	815
630	997
812	1150
1050	1370
1200	1590
1600	1740
1700 Backschrot	1800 Backschrot

Die Zahlen geben Auskunft über den Ausmahlungsgrad und damit über die Menge der Mineralstoffe, die nach der Veraschung (chemischer Prüfvorgang) von 100 g Mehl übrigbleiben. So ist das bevorzugte »je weißer je besser« Auszugsmehl Type 405 leider am vitamin- und mineralstoffärmsten. Hier kann man etwas aufbessern und nach Type 405 mit Vitaminzusatz suchen.

Je höher die Typenzahl, desto dunkler, eiweiß-, mineralstoff- und vitaminreicher ist das Mehl, desto größer ist der Anteil an Frucht- und Samenschalen. Um die Typisierung im Gebrauch zu charakterisieren und um Ihnen zu zeigen, daß man ausprobieren muß, möchten wir hier ein Beispiel anführen, da die Typennummer unabhängig vom Feinheitsgrad des Mehles ist:

Type 1700 = Grahammehl, grob und fein,
Type 1700 = Weizenvollkornschrot grob, mittel und fein,
Type 1700 = Weizenvollkornmehl mit grobflockiger Kleie, oder
Type 1050 = Weizenmehl für den Hausgebrauch,
Type 1050 = Industriemischmehl für Bäcker.

Roggenmehl: Dieses Mehl braucht viel Wasser, daher sind Roggenmehlteige erst klumpig, dann batzig und schwerer zu kneten. Außerdem sollte Roggenmehl vorzugsweise mit Sauerteig verbacken werden. Er hebt das Aroma, und die Brote bleiben besonders lange schmackhaft. Den Teig zum Gehen einölen, vor dem Backen mit der Gabel einstechen und/oder mit nassem Zeigefinger oder Löffelstiel fingertiefe Trichter in der Mitte der Oberfläche formen.

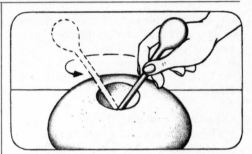

Damit ein großes Roggenbrot genügend Luft bekommt, mit einem Löffelstiel einen Trichter im Laib formen.

Ruhen lassen: Ruhen lassen bedeutet, den Teig an einem kühlen Ort stehenlassen. Hefe- und Sauerteige sollen nicht mehr gehen.

Salz: Grobes Salz zu kaufen ist heute nicht einfach, da unsere gängigen Sorten alle sehr fein sind. Da im allgemeinen nur kleine Mengen zum Bestreuen gebraucht werden, bittet man seinen Bäcker um etwas Brezelsalz.

Strang rollen: Das Strangrollen bedarf einiger Fingerfertigkeit. Dabei das Brett so wenig wie möglich bemehlen, da jede Mehlspur zu-

Für einen Strang den Teigballen auf bemehltem Brett zu einer Wurst formen und auf die gewünschte Länge rollen.

nächst wieder eine kleine Falte in den sonst schon glatten Strang bringt, die beim Backen meist aufreißt. Neben dem Rollen empfiehlt es sich, den Strang immer wieder zu ziehen. Der Bäcker sagt nicht umsonst »einen Strang wirken«.

Teig formen: Fast ausschließlich auf bemehltem Brett oder bemehlter Arbeitsplatte wird der Teig mit leicht bemehlten Händen geformt. Müssen viele Stücke oder Stückchen geformt werden, dann stellt man einen Teil des Teiges kühl, damit er nicht neuerlich geht oder zu weich wird und auf dem Brett kleben bleibt. Es ist wichtig, daß alle Teigenden und Randstellen oder Teigfalten immer auf die Unterseite des Brotes und der Brötchen gezogen und gedrückt werden. So bekommt man eine schöne glatte Oberseite, und Enden oder Randstellen können beim Backen nicht aufspringen.

Teigprobe: Wenn Sie nicht mehr wissen, wie groß der Teigballen vor dem Gehen war: er ist genug gegangen, wenn Sie zwei Finger etwa 2 cm tief hineinstoßen und der Teig sich wieder schließt.

Zur Probe mit zwei Fingern in den Teig hineinstoßen. Bei genügend gegangenem Teig schließen sich die Löcher wieder.

Temperaturen: Die Angabe für den Elektroherd von beispielsweise 175–200° C (thermostatisch) = 01/U3 (stufengeregelt), entspricht der Hahnstellung 2–3 oder 3–4 im temperaturgeregelten Gasherd oder ⅓ Flamme in älteren Gasherden. In Herden mit Umlufthitze sind meistens nur 180° C zu erreichen. Die Backzeiten sind daher länger, und die Brote trocknen leicht aus.

Wenn die Brote stark reißen, stimmt meist die Temperaturregelung des Herdes nicht mehr. Aber auch da kann man sich täuschen. Wir haben drei normale Backöfen, und doch sind die Backergebnisse nicht gleich, obwohl die Temperaturregler alle überprüft wurden. Man muß also trotz aller Angaben mit seinem Herd eigene Erfahrungen machen und danach entsprechend ausgleichen. Nicht erschrecken – meistens geht alles gut.

Tiefkühlen von Brot: Die größte Arbeitserleichterung ist es, Brote und Brötchen zu bakken und einzufrieren. Brötchen gebacken noch lauwarm auf einem Tablett einfrieren, erst steinhart gefroren in luftdichte Folienbeutel geben.

Es versteht sich von selbst, daß gerade Gefriergut, das noch warm tiefgekühlt wird, nicht mit gefrosteten Lebensmitteln in Berührung kommen darf. Auch sonst ist dies zu vermeiden, und man gibt das neue Tiefkühlgut in das Vorfrierfach oder friert es zumindest möglichst mit Kontakt zu Boden oder Wänden des Gerätes ein. Die dadurch sehr viel schneller übertragene Kälte garantiert bei Brot und Brötchen, daß sie bei der Verwendung frisch und nicht altbacken schmecken.

Brot frieren wir erst ein, wenn es ganz kalt und kroß ist, Brote wie Grahambrot oder Schrotbrote immer in Scheiben geschnitten, portionsweise.

Brötchen sofort tiefgefroren im auf 200° C (Gas Stufe 4) vorgeheizten Ofen 6–10 Minuten aufbacken. Brotscheiben tiefgekühlt im Toaster auftauen und aufbacken. Brotlaibe bei Zimmertemperatur antauen (6 Stunden) und 20 Minuten in den auf 200° C vorgeheizten Backofen geben – so wird die Krume wieder fest und rösch. Haltbarkeit: 4–6 Wochen.

Tiefkühlen von Teig: Generell sei gesagt, tiefgefrorene Hefeteige mögen nicht immer so, wie wir es wollen. Wer sich über einen Teig ärgert, der nicht mehr gehen will, der lasse die Finger davon. Oder man hält nur Hefe im Gefriergerät vorrätig, dann entsteht kaum Geld- und kein Arbeitsverlust. Auf Hefeteige, mit denen wir immer Glück hatten, ist im Rezept hingewiesen.

Man schlägt zum Einfrieren den gegangenen Hefeteig zusammen, knetet ihn durch und verpackt ihn in luftdichter Folie, aber diese nicht eng anliegend, da sich der Teig auch im Tiefkühlgerät zunächst noch etwas dehnt. Zur Verwendung bei Zimmertemperatur auftauen und gehen lassen, dann wie im Rezept angegeben weiterverarbeiten.

Brötchen kann man bereits geformt einfrieren, Kastenbrot in der Backform, aber immer luftdicht verpackt.

Vollkornmehl und -schrot: Das Angebot an Getreidekörnern ist heute ziemlich breit. Alternativläden führen meist nur Korn, mahlen es Ihnen aber frisch in beliebiger Qualität und Ausmahlung genauso wie die bäuerlichen Gesellschaften des Demeterbundes. Die Reformhäuser führen reines Korn, Kornmischungen, geschrotetes Korn und Vollkornmehl. Außerdem haben wir bei der Edeka ein Weizenvollkornmehl Type 1700 entdeckt, das aber mehr Feinmahlanteil hat als unser selbst

gemahlenes Getreide, dem wir immer wieder den Vorzug geben.

Vollkornmehl und -schrot werden wegen ihres Fettanteiles schnell ranzig. Die Haltbarkeit liegt zwischen 3 und 6 Wochen; diese Haltbarkeit läßt sich aber beim Schrot durch Tiefkühlen auf Monate verlängern. Weiteres finden Sie in der Einführung zum Kapitel »Brot mit Schrot« auf Seite 47.

Vorteig: Aus Preßhefe wird immer ein Vorteig hergestellt. Die Hefe zerbröseln, in etwas lauwarmer Milch oder Wasser lösen, mit wenig Zucker und etwas Mehl zu dickflüssigem Teig anrühren. An warmem Ort 10–15 Minuten stehen lassen, bis der Ansatz gut gegangen ist. Bei Trockenhefe erübrigt sich dieser Arbeitsvorgang. Auch Sauerteig verlangt einen Vorteig, der – vor allem, wenn seine Triebkraft nicht durch Hefe unterstützt wird – viele Stunden warm gestellt werden muß.

Zucker: In geringen Mengen benötigt man auch beim Brotbacken Zucker – um die Hefe schneller zum Gehen zu bringen, um mit gezuckerter Milch oder gezuckertem Wasser ein heißes Brot zu bestreichen, damit die Kruste mehr Glanz bekommt, oder als Würzeffekt.

Zusammenschlagen: Der bis auf doppelte Größe aufgegangene Hefe- oder Sauerteig wird mit Holzlöffel oder Hand so aus der Schüssel genommen, daß er dabei zusammenfällt und bereits der Hauptteil der Triebgase herausgeschlagen wird.

Zutaten: Alle Zutaten immer bereitstellen, ganz gleich, wo und wie sie aufbewahrt waren. Sie nehmen Raumtemperatur an, und das ist wichtig. Außerdem verkürzt es den Arbeitsvorgang.

Schon das erste Kapitel macht Sie mit den verschiedensten Möglichkeiten des Selber-Brot-Backens bekannt. Es führt vom einfachen Graubrot für den Normalhaushalt zu großen Drei- und Fünfpfündern, bei denen Sie lernen, diese Menge Teig in den Knetgriff zu bekommen.

Empfehlenswert ist das St. Galler Landbrot nicht nur vom Geschmack her, sondern, da es wie eine Schnecke gerollt wird, als Übung für viele Teigformen. Sie bekommen bei diesem Brot das Fingerspitzengefühl für die richtige Teigkonsistenz, während der Weißbrotgrundteig mit seinen vielen Varianten Ihre Brotkreativität wecken soll. Hier bekommen Sie in des Wortes wahrer Bedeutung in den Griff, was man mit einem einzigen Teig alles anfangen kann.

Einfaches Graubrot

Für die ersten Backübungen ist dieses Brot gerade richtig.

Zutaten für 1 Brot (18 Scheiben):
1 Päckchen Trockenhefe · 2 gestrichene Teel.
Salz · 1 gestrichener Eßl. brauner Zucker ·
350–400 g Roggenmehl Type 997 · ¼ l lauwarmes Wasser · Salatöl zum Bestreichen
Pro Scheibe etwa 355 Joule/85 Kalorien

● Zubereitungszeit: 2 Stunden und 30 Minuten
● Backzeit: 1 Stunde und 10 Minuten

So wird's gemacht: Die Hefe, das Salz und den Zucker unter 350 g Roggenmehl mischen, das Wasser dazurühren und leicht abschlagen. Den Teig auf ein mit Roggenmehl bestreutes Brett geben und kräftig kneten – eventuell noch etwas Mehl nachgeben –, bis der Teig elastisch wird. ● Den Teigballen in eine ausgemehlte Schüssel geben, die Oberfläche mit Salatöl bestreichen, da die Oberseite von Roggenmehlteigen beim Gehen leicht trocken wird. Mit Küchentuch bedeckt an warmem, zugfreiem Ort gehen lassen, bis sich der Teig verdoppelt hat – etwa 1 Stunde. ● Den Teig zusammenschlagen, durchkneten und nochmals in der Schüssel zugedeckt 40 Minuten gehen lassen. ● Den Brotteig zu einem runden, hohen Laib formen und auf ein bemehltes Backblech legen. Mit Klarsichtfolie abdecken und wieder gehen lassen, bis sich der Laib verdoppelt hat. ● Den Backofen auf 225° C (Gas Stufe 4–5) vorheizen. Das Backblech auf die Mittelschiene schieben und das Brot 15 Minuten backen. Dann auf 180° C (Gas Stufe 3) herunterschalten und das Brot weitere 55 Minuten backen lassen.

So schmeckt's am besten: am nächsten Tag, mit Butter und viel Schnittlauch, oder ohne Belag zu allem von Sauermilch bis Krebsen.

> **Unser Tip** Wenn Sie dieses Brot einfrieren wollen, backen Sie es in einer Kastenform. Geben Sie das erkaltete Brot am nächsten Tag in einem Tiefkühlbeutel in die Gefriertruhe.

Deckers Spezialbrot

Herr Gunther Decker, ein Freund unserer Familie, der sich als begeisterter Hausbäcker erwies, erinnerte uns wieder daran, wie wichtig es ist, sich für das Brotbacken Ruhe und Zeit zu gönnen, damit alles wohl gelingt.

Zutaten für 2 Brote (80 Scheiben):
1½ Würfel Preßhefe · 1⅛ l lauwarmes Wasser · 1 gestrichener Teel. Zucker · 4 gestrichene Teel. Salz · 3 Eßl. Quark (20%) · 2 gestrichene Teel. gemahlener Koriander · 2 gestrichene Teel. gemahlener Kümmel · 1 kg Weizenmehl Type 405 · 750 g Roggenmehl Type 997 · 250 g Roggenschrot
Pro Scheibe etwa 400 Joule/95 Kalorien

● Zubereitungszeit: 3 Stunden
● Backzeit: 75 Minuten

So wird's gemacht: Die zerbröckelte Hefe in ⅛ l von der angegebenen Wassermenge lösen. In eine große Schüssel das restliche lauwarme Wasser geben, die Hefe, den Zucker, das Salz, den Quark, den Koriander und den Kümmel einrühren, dann die gut gemischten Mehlsorten dazugeben. Alles mit den Knethaken der Küchenmaschine zu einem glatten Teig verarbeiten. Den Teig in einer leicht ausgemehlten Schüssel, mit Küchentuch bedeckt, an zugfreiem, warmem Ort 90 Minuten gehen lassen. • Durchkneten und 2 runde Brote daraus formen. Zwei passende grobgeflochtene Weidenbrotkörbe mit Klarsichtfolie auslegen, die Brote mit dem Schluß (siehe Seite 13) nach oben hineinlegen. Mit Tüchern abgedeckt nochmals 1 Stunde gehen lassen. • Den Backofen auf 200° C (Gas Stufe 4) vorheizen.

Das Backblech mit Backpapier auslegen und die gegangenen Brote darauf stürzen. • Eine flache Schüssel mit heißem, fast kochendem Wasser auf den Herdboden stellen. Die Brote auf der mittleren Schiene einschieben und 60 Minuten backen lassen. Dabei zwischendurch immer einmal mit wenig Wasser besprritzen. • Nach 1 Stunde den Ofen auf 250° C (Gas Stufe 5–6) einstellen, nochmals kräftig Wasser aufspritzen und die Brote weitere 15 Minuten backen lassen.

So schmeckt's am besten: belegt mit Salami, mit Schinken und Gürkchen. Aber erst nach 2 Tagen anschneiden.

Roggenbrot
Bild 4. Umschlagseite

Bei der Zubereitung darf man sich von den warmen Mehlklumpen anfangs nicht erschrecken lassen. Bleibt der Teig nach der Sauerteigzugabe sehr fest, können Sie löffelweise noch Wasser einkneten.

Zutaten für 1 Brot (45 Scheiben):
1250 g Roggenmehl Type 997 · 1 Eßl. Kümmel · ½–¾ l kochendes Wasser · 1 Päckchen Trockenhefe · 200 g Sauerteig auf Vorrat oder Natur-Sauerteig (Seite 7 und 8) · 2 gestrichene Eßl. Salz · ⅛ l Wasser · 2 gestrichene Teel. Speisestärke

● Zubereitungszeit: 4 Stunden und 30 Minuten
● Ruhezeit: mindestens 12 Stunden
● Backzeit: 1 Stunde

So wird's gemacht: Das Mehl in eine Schüssel sieben und mit dem Kümmel mischen. In die Mitte eine Mulde drücken. Das kochende Wasser zufügen, abkühlen lassen, dabei ab und zu wenden. • Die Hefe und den Sauerteig miteinander verrühren, zu dem klumpigen Mehl geben. Das Salz einstreuen und den festen Teig gut verkneten. In ausgemehlter Schüssel, zugedeckt über Nacht an nicht zu warmem Platz stehen lassen. • Den Teig etwa 20 Minuten gut durchkneten, bis er sich von der Schüssel und den Händen löst. Eine Teigkugel formen und in ausgemehlter Schüssel, mit Küchentuch zugedeckt, an zugfreiem, warmem Ort 1 Stunde gehen lassen. • Den Teig durchkneten, dann in einem mit Mehl bestäubten Küchentuch 30 Minuten ruhen lassen. • Den Backofen auf 250° C (Gas Stufe 5–6) vorheizen. Den Teig zu einem runden, hohen Laib formen. Auf ein mit Backpapier ausgelegtes Backblech setzen und mit der Gabel mehrmals einstechen, damit die Oberfläche nicht reißt. • Das Blech in den vorgeheizten Ofen auf die mittlere Schiene schieben. Sofort 1 Tasse Wasser auf den Herdboden gießen. Die Ofentüre blitzschnell schließen und 5 Minuten geschlossen lassen. Dann öffnen, Dampf entweichen lassen, 1 Tasse kochendes Wasser auf den Herdboden stellen und die Türe wieder schließen. • Die Temperatur auf 200° C (Gas Stufe 4) zurückschalten, das Brot 1 Stunde backen lassen. • ⅛ l Wasser aufkochen. Die in etwas kaltem Wasser glattgerührte Speisestärke hineingeben und aufkochen lassen. Das noch heiße Brot damit bestreichen – so bekommt es Glanz.

So schmeckt's am besten: von »noch warm« bis 8 Tage alt.

St. Galler Landbrot

Ein Brot, das wir gerne backen, denn es sieht durch seine Schneckenform so hübsch aus.

Zutaten für 2 Brote (40 Scheiben):
1 Würfel Preßhefe · 4 Eßl. lauwarmes Wasser · 700 g Weizenmehl Type 405 · 300 g Roggenmehl Type 997 · 3 gestrichene Teel. Salz · 0,6 l Wasser
Pro Scheibe etwa 400 Joule/95 Kalorien

● Zubereitungszeit: 2 Stunden und 30 Minuten
● Backzeit: 40 Minuten

So wird's gemacht: Die Hefe in 4 Eßlöffeln lauwarmem Wasser auflösen, stehenlassen. Inzwischen die beiden Mehlsorten und das Salz in einer großen Schüssel mischen. Eine Mulde in die Mitte drücken, die Hefelösung und 0,6 l Wasser hineingießen, etwas unterrühren und mit dem Kneten beginnen. Den Teigballen auf bemehltem Brett 10–15 Minuten kneten, dann in ausgemehlter Schüssel, mit Küchentuch bedeckt, an zugfreiem, warmem Ort 50 Minuten gehen lassen. Den Teig zusammenschlagen, durchkneten und in 2 Stücke teilen. Jedes Stück zu einem Strang von 40–50 cm Länge rollen. Mit einem Küchentuch bedeckt auf bemehltem Brett ruhen lassen. • Wenn der Teig nach etwa 15 Minuten zu gehen beginnt, die Stränge auf 70–80 cm Länge ziehen. Weitere 30 Minuten gehen lassen. • Den Backofen auf 250° C (Gas Stufe 5–6) einstellen. Nun aus jedem Strang ein Schneckenhaus formen. Dabei das eine Teigende knapp eindrehen, den restlichen langen Strang in immer weiteren Kreisen halb darunterlegen und das Endstück unter das hohe Schneckenhaus drücken. • Beide Brote auf ein bemehltes Backblech setzen. Sofort auf die Mittelschiene des Backofens schieben. 1 Tasse kaltes Wasser auf den hei-

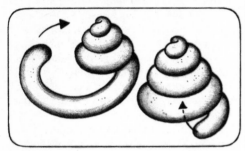

So wird aus einem Teigstrang ein Schneckenhaus gedreht. Das Teigende drückt man zum Schluß gut unter das Haus.

ßen Boden gießen und blitzschnell die Ofentüre schließen. Nach 5 Minuten eventuell noch vorhandenen Wasserdampf durch kurzes Öffnen der Türe entweichen lassen. • Den Backofen auf 200° C (Gas Stufe 4) herunterschalten und die Brote etwa 40 Minuten backken lassen. Sie sind gut ausgebacken, wenn sie beim Klopfen mit dem Fingerknöchel auf den Boden hohl klingen. Notfalls noch 5 Minuten Unterhitze nachgeben.

So schmeckt's am besten: mit Butter, darauf gewürzter Quark oder Marmelade.

Unser Tip ·Sie können auch zwei längliche, hohe Laibe formen. Lassen Sie sie 45 Minuten gehen, bis sich der Teig verdoppelt hat.

Deftiges Weißbrot

»Brot mit Kartoffeln?« werden Sie fragen. Aber es stimmt! Kartoffeln machen saftig und deftig.

Zutaten für 2 Brote (30 Scheiben):
450–500 g Weizenmehl Type 405 · 2 gestrichene Teel. Zucker · 0,1 l lauwarmes Wasser · 0,1 l Milch · 1 Päckchen Trockenhefe · 100 g Pellkartoffeln · 2 Eßl. Butter oder Margarine · 2 gestrichene Teel. Salz
Pro Scheibe etwa 315 Joule/75 Kalorien

● Zubereitungszeit: 2 Stunden und 30 Minuten
● Backzeit: 30 Minuten

So wird's gemacht: In einer großen Schüssel 100 g Mehl, den Zucker, das lauwarme Wasser, die Milch und die Trockenhefe mischen. Mit Küchentuch bedeckt, an zugfreiem, warmem Ort ungefähr 20 Minuten gehen lassen. • Inzwischen die Kartoffeln pellen und durch einen Durchschlag drücken. Die Butter oder Margarine langsam schmelzen, dann abkühlen lassen. • Den gegangenen Vorteig durchrühren, die Kartoffeln, das restliche Mehl, das Salz und zuletzt das zerlassene Fett daruntermengen. Den Teig auf bemehltem Brett mindestens 10 Minuten kneten. • Den Teigballen in eine ausgemehlte Schüssel geben, mit Küchentuch bedecken und 1 Stunde an warmem Ort gehen lassen, bis er sich verdoppelt hat. • Den Teig zusammenschlagen, in 2 Stücke teilen und jeden Ballen kräftig durchkneten. Ein Backblech fetten, die beiden Teigballen daraufsetzen, zu je einem runden Laib von etwa 15 cm Durchmesser drükken. Mit Küchentuch bedeckt nochmals 40–50 Minuten gehen lassen. • Den Backofen auf 200° C (Gas Stufe 4) vorheizen. Die Brote auf der Mittelschiene einschieben und 30 Minuten backen lassen, bis sie braun sind.

So schmeckt's am besten: zum Ei beim Frühstück, zu Käse, zu rohem Schinken.

Variante: Den Teig mit 1½ Päckchen Trockenhefe zubereiten, durchkneten, in 2 Ballen aufs gefettete Blech setzen. Den Backofen auf 50° C (Gas niedrigste Stufe) vorheizen, Brote darin 20 Minuten gehen lassen, bis der Teig sich verdoppelt hat. Auf 180° C (Gas Stufe 3) schalten. 20–30 Minuten backen.

Vielseitiges Weißbrot

Bild 3. Umschlagseite

Hier kann man sich, von einem Grundteig ausgehend, so richtig in Geschmacksvarianten und Teigformen üben.

Zutaten für 2 Brote (28 Scheiben):
30 g Butter oder Margarine · 0,4 l lauwarme Milch · 1 Würfel Preßhefe · 600–650 g Weizenmehl Type 405 · 40 g Zucker · 2 gestrichene Teel. Salz
Pro Scheibe etwa 460 Joule / 110 Kalorien

● Zubereitungszeit: 2 Stunden und 30 Minuten
● Backzeit: 50 Minuten

So wird's gemacht: Die Butter oder Margarine langsam schmelzen und abkühlen lassen. In 4 Eßlöffeln der lauwarmen Milch die Hefe auflösen und rühren, bis sie sich etwas bin-

det. • Die restliche Milch und etwa 100 g Mehl, dann das zerlassene Fett und weitere 200 g Mehl nach und nach zum Hefebrei rühren. Weitere 100 g Mehl, den Zucker und das Salz darunterschlagen, bis der Teig weichelastisch ist. Dann weitere 150 g Mehl einarbeiten, so daß der Teig fest wird. Den Teig auf dickbemehltem Brett kneten und dabei so viel Mehl einkneten, daß er nicht mehr klebt. 10 Minuten kneten, bis der Teig glatt und glänzend ist, zum Ballen formen. Den Teigballen in ausgemehlter Schüssel, mit einem Küchentuch bedeckt, etwa 1 Stunde an warmem, zugfreiem Ort gehen lassen, bis er sich verdoppelt hat. • Den Teig zusammenschlagen, durchkneten. Zwei Kastenformen (20 cm) fetten. 2 Laibe in der passenden Länge formen, die Enden unten zusammendrücken. Die Brote in der Form zugedeckt nochmals 45 Minuten gehen lassen. • Den Backofen auf 200° C (Gas Stufe 4) vorheizen. Die Brote auf der untersten Schiene 35–40 Minuten backen lassen.

So schmeckt's am besten: Kastenbrote und Laibe schneiden wir meist erst am nächsten Tag an. Kleingebäck schmeckt frisch am besten.

Varianten:
Aus dem gleichen Teig können Sie alle folgenden Formen backen. Für die herzhaften Varianten können Sie den Teig statt mit Milch mit Wasser und auf alle Fälle mit nur 20 g Zucker zubereiten. Dies gilt allerdings nicht für die süßen Brote und Brötchen. Alle Varianten im vorgeheizten Backofen bei 200° C (Gas Stufe 4) backen lassen.

Weißbrotwecken: Den gegangenen Teig halbieren, zwei längliche Wecken (Laibe) daraus formen, auf gefettetem Backblech nochmals gehen lassen. Mit Wasser bestreichen. Mit scharfem Messer schräg dreimal 1 cm tief einschneiden. 1 Tasse Wasser mit in den vorgeheizten Backofen stellen und die Brote auf der untersten Schiene 35 Minuten backen lassen.

Meterbrot mit Kümmel: 2 Teigstränge von 50 cm rollen. Auf gefettetem Backblech nochmals gehen lassen. Mit verquirltem Ei bestreichen und mit Kümmel bestreuen.

Rosinenstuten: 50 g Rosinen zum Teig mischen. 2 Kastenbrote backen.

Specklaib: 100 g Speckwürfel ausbraten, abtropfen lassen und abgekühlt in den Teig geben. Den gegangenen Teig halbieren und 2 hohe, runde Laibe formen. Auf gefettetem Blech gehen lassen. Im vorgeheizten Ofen 35–40 Minuten backen lassen.

Zopf: Den gegangenen Teig dritteln und 3 Stränge von 50 cm Länge formen. Einen Zopf flechten. Auf gefettetem Blech gehen lassen. Mit gezuckerter Milch oder verquirltem Ei bestreichen. Im vorgeheizten Ofen 50 Minuten backen lassen.

Gefülltes Weißbrot: Den gegangenen Teig halbieren. 2 Platten von 30 × 35 cm ausrollen. Auf jeder Platte drei 10 cm breite Felder markieren. Ein Mittelfeld mit etwa 300 g beliebiger Hackfleischfüllung, das andere mit 100 g Marmelade und 50 g gehackten Nüssen belegen. Die äußeren Felder zur Mitte hin in etwa 2 cm breite Streifen schneiden. Die Streifen über der Füllung abwechselnd schräg übereinanderschlagen, so daß ein Gitter entsteht.

Die eingeschnittenen Teigstreifen abwechselnd von links und rechts schräg über die Hackfleischfüllung »flechten«.

Die Brote in ausgefettete Kastenformen (35 cm) legen. 30 Minuten gehen und dann 40 Minuten backen lassen.

Semmeln oder Brötchen: Den gegangenen Teig in 24 Stücke teilen, Brötchen verschiedenster Art formen. Auf gefettetem Blech nochmals 15 Minuten gehen und dann auf der Mittelschiene 30 Minuten backen lassen. Wenn die Stücke nicht mit Ei bestrichen werden, beim Backen immer 1 Tasse Wasser mit in den Backofen stellen.

Sternsemmeln: Die Brötchen rund formen, über Kreuz einschneiden.

Schrippen: Die Brötchen oval formen, längs einschneiden.

Knüppel: Die Brötchen rechteckig rollen, die dünnere Längsseite bis zur Mitte überschlagen und andrücken.

Milchbrötchen: Die Brötchen rund formen, mit verquirltem Ei bestreichen, über Kreuz einschneiden.

Phantasiebrötchen: Aus einem Teigstück 3 kleine Kugeln formen, aneinander drücken, mit verquirltem Ei bestreichen.

Salzhörnchen oder Salzstangen: Den gegangenen Teig in 6 Teile teilen. Einen Teil jeweils verarbeiten, den Rest kühl stellen. Das Teigstück zu einem Kreis von etwa 22 cm Durchmesser ausrollen. Über Kreuz in 4 Teile schneiden. Jedes Dreieck von der langen Seite her aufrollen. Mit Brezelsalz bestreuen. Zum Hörnchen biegen oder als Salzstange auf ein gefettetes Blech legen. 10 Minuten an warmem Ort gehen lassen. Im vorgeheizten Backofen 30 Minuten backen lassen.

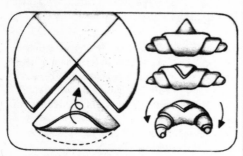

So formen Sie aus jedem Viertel einer Teigplatte eine Stange, die dann nach Belieben zum Hörnchen gebogen werden kann.

Salzstangerl und Kümmelstangen: Den gegangenen Teig in 48 Stücke teilen, jedes Stück zu einem Strang von 15 cm Länge rollen. Mit Brezelsalz oder Kümmel bestreuen. 10 Minuten auf gefettetem Blech gehen lassen. Im vorgeheizten Backofen 20 Minuten backen lassen.

Kraftbrot

Maismehl und Kartoffelpüree gaben diesem Backwerk den Namen Kraftbrot

Zutaten für 2 Brote (24 Scheiben):
2 gestrichene Eßl. Maismehl · 0,1 l Wasser ·
1 gestrichener Teel. Salz · 2 gestrichene Teel.
Zucker · 15 g Butter oder Margarine · 1 Eßl.
Kümmel · 300 g Roggenmehl Type 997 ·
200–250 g Grahammehl Type 1700 grob ·
1 Päckchen Trockenhefe · 200 g Kartoffel-
püree
Pro Scheibe etwa 375 Joule/90 Kalorien

● Zubereitungszeit: 2 Stunden
● Backzeit: 1 Stunde

<u>So wird's gemacht:</u> Das Maismehl in 4 Eßlöffeln kaltem Wasser glattrühren. Das restliche Wasser zum Kochen bringen, das Maismehl einrühren und zu einem dicken Brei kochen. Das Salz, den Zucker, das Fett und den Kümmel einrühren, abkühlen lassen. • Inzwischen das Roggenmehl in eine große Schüssel sieben, das Grahammehl und die Trockenhefe untermischen. Den Maisbrei und das kalte Kartoffelpüree darunterrühren, dann kneten, bis sich der sehr klebrige Teig von der Schüssel löst; eventuell etwas Grahammehl nachgeben. Den festen Teig auf mit Grahammehl bestreutem Brett kneten, bis er glatt und glänzend ist. • Den Teig in eine ausgefettete Schüssel legen, die Oberfläche mit Fett bepinseln und den Teig zugedeckt etwa 40 Minuten gehen lassen, bis er sich verdoppelt hat. • Den Teig zusammenschlagen, dann halbieren, 2 längliche Laibe daraus formen und jeden in eine gefettete oder kunststoffbeschich-

tete Kastenkuchenform (20–25 cm) legen. Die Oberfläche wieder mit Fett bepinseln. Die Brote zudecken und nochmals 30 Minuten gehen lassen. • Den Backofen auf 190° C (Gas Stufe 3-4) vorheizen. Die beiden Brote auf die unterste Schiene stellen und mindestens 60 Minuten backen lassen.

So schmeckt's am besten: gebuttert mit Camembert – natürlich auch mit anderen Käsesorten – oder mit Marmelade.

> **Unser Tip** 1 Tasse Teig, bevor er gegangen ist, in ein Steingutgefäß geben und bei Zimmertemperatur sauer werden lassen. Nach 1 Woche ein Kraftbrot mit diesem Sauerteig statt mit Hefe als Triebmittel backen.

Ostpreußisches Buttermilchbrot

Zutaten für 1 Brot (40 Scheiben):
150 g Weizenmehl Type 405 · 850 g Roggenmehl Type 997 · 10 g Preßhefe · 200 g Sauerteig (Rezept Seite 7) · ½ l Buttermilch ·
1 gestrichener Eßl. Salz
Pro Scheibe etwa 420 Joule/100 Kalorien

● Zubereitungszeit: 6 Stunden
● Backzeit: 80–90 Minuten

So wird's gemacht: Das Weizen- und Roggenmehl in eine Schüssel sieben, in die Mitte eine Mulde drücken. Die Hefe hineinbröseln, den Sauerteig darübergießen und mit etwas Mehl vom Muldenrand anrühren. Zudecken und an warmem Ort 20 Minuten gehen lassen. • Den Vorteig unter das Mehl rühren, die Buttermilch und das Salz dazugeben und mit dem Kneten beginnen. Sobald sich der Teig genügend bindet, auf bemehltem Brett weiterkneten, bis der Teig glatt und glänzend ist. In ausgemehlte Schüssel legen und zugedeckt an warmem Ort 90 Minuten gehen lassen. • Einen Brotkorb von 25–30 cm Durchmesser mit einem feinen Leinentuch auslegen, dick bemehlen. Nun den Teig zusammenschlagen, einen runden Laib formen und mit der Oberseite nach unten in den Korb legen, gleichmäßig etwas andrücken, das Tuch lose übereinanderschlagen. An warmem Ort weitere 3 Stunden gehen lassen, bis der Teig sich wesentlich vergrößert hat. • Den Backofen auf 250° C (Gas Stufe 5–6) vorheizen. Den Laib auf ein bemehltes Backblech stürzen, das Mehl mit einem Pinsel oder Tischbesen vorsichtig abstauben, bis man die Musterung auf dem Teig sieht. Mehrmals mit einer Gabel einstechen. • Das Brot auf der untersten Schiene in den Ofen schieben, auf 200° C (Gas Stufe 4) herunterschalten, eine flache Tasse mit Wasser unter das Backblech stellen und das Buttermilchbrot 80–90 Minuten backen lassen. • Mit Holzstäbchen prüfen, ob das Brot gar ist. Es muß hohl klingen, wenn man mit dem Finger auf die Unterseite klopft.

So schmeckt's am besten: gebuttert und mit deftigem Käse belegt.

Variante: Der Teig ist zwar ziemlich fest, das Brot wird aber trotzdem locker. Soll es saftiger sein, können Sie 150 g Kartoffelpüree mit einkneten.

Der Begriff Sonntagsbrot hat den gleichen Gute-alte-Zeit-Anklang wie der Sonntagsbraten. Am siebten Tag soll man nicht nur ruhen, sondern auch besser essen. Darum sind unsere Sonntagsbrote im altväterlichen Sinn vornehmlich aus Weizenmehlen, also helle Brote. Mal in Kastenform gebacken, mal als Zopf geflochten gedacht, Mittelpunkt eines gemütlichen Frühstückstisches zu sein. Die geschmacklichen Varianten liegen in den Fett-, Eier-, Quark- oder Gewürzbeigaben bis hin zu gemahlenen Nüssen.

Alle Brote sind so lecker, daß man das übliche Kuchenbacken ruhig einmal vergessen kann. Zum Kaffee oder Tee gibt es Brot mit Butter und Marmelade. Das schmeckt uns und unseren Gästen ganz besonders in den Monaten, in denen es früh dunkel wird.

Pommersches Quarkbrot

Ein besonders magenfreundliches Brot.

Zutaten für 1–2 Brote (44 Scheiben):
1 Würfel Preßhefe · 1 Eßl. Honig oder Zukker · ½ l lauwarme Milch · 1 kg Weizenmehl Type 405 oder 550 · 200 g Quark (40%) · 50 g Butter · 2 gestrichene Teel. Salz
Pro Scheibe etwa 460 Joule/110 Kalorien

● Zubereitungszeit: 1 Stunde und 40 Minuten
● Backzeit: 40 Minuten

So wird's gemacht: Die Hefe und den Honig oder Zucker in der lauwarmen Milch auflösen. 350 g gesiebtes Weizenmehl einrühren.

30 Minuten stehen lassen. ● Den Quark, die Butter und das Salz gut verrühren. Das restliche gesiebte Mehl und die Quark-Butter-Mischung zum Vorteig geben. Alles darunterschlagen und kneten. Den Teigballen in ausgemehlter Schüssel zugedeckt an warmem Ort 30 Minuten gehen lassen. ● Den Teig durchkneten, 1 oder 2 längliche Brote daraus formen und auf ein gefettetes Blech legen. Die Brote nochmals ungefähr 10 Minuten gehen lassen. Mit scharfem, nassem Messer längs 2 cm tief einschneiden. ● Den Backofen auf 200° C (Gas Stufe 4) vorheizen. Die Brote auf der Mittelschiene 35–40 Minuten backen lassen. Kurz vor dem Herausnehmen kann man sie noch mit kaltem Wasser oder kalter Milch bepinseln.

So schmeckt's am besten: gebuttert und mit Johannisbeergelee bestrichen.

Varianten: Den Teig aus 750 g Weizenmehl Type 405 und 250 g Weizenvollkornschrot Type 1700, fein oder mittel, herstellen. Vor dem Backen 25 Minuten gehen lassen. Ein rundes und ein längliches Brot formen. Das runde über Kreuz einschneiden.

Schweizer Zopfbrot

Bild nebenstehend

Zutaten für 1 Zopfbrot (25 Scheiben):
1 kg Weizenmehl Type 405 · 2 Päckchen Trokkenhefe · 150 g Butter · 0,5–0,6 l Milch · 1 Ei · 1 gestrichener Eßl. Salz · 1 Eigelb
Pro Scheibe etwa 900 Joule/215 Kalorien

● Zubereitungszeit: 90 Minuten
● Backzeit: 40 Minuten

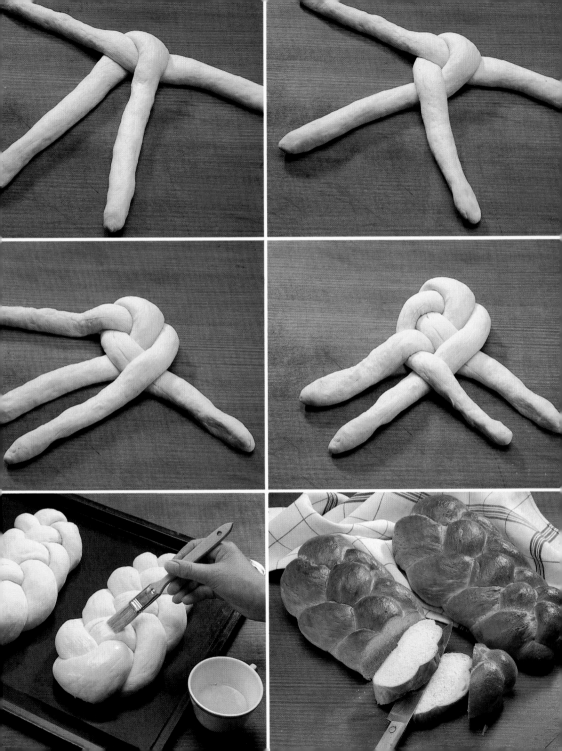

◁ Die Brot-Idee des amerikanischen Fernsehkochs
Graham Kerr ist ein Party-Hit. Rezept Seite 34.
Zum Bild auf Seite 27: So wird aus zwei Teig-
strängen das Schweizer Zopfbrot geflochten.
Rezept Seite 26.

So wird's gemacht: Das Mehl in eine Schüssel sieben, mit der Hefe mischen und in die Mitte eine Mulde drücken. Die Butter bei geringer Wärme schmelzen lassen, die kalte Milch dazugeben und in die Mulde gießen. 1 Ei verquirlen und zugeben. Umrühren, salzen, den Teig etwas abschlagen und dann auf bemehltem Brett einige Minuten kneten. • Den Teig in die ausgemehlte Schüssel zurückgeben und zugedeckt an warmem Ort etwa 40 Minuten gehen lassen, bis er sich verdoppelt hat. • Den Teig zusammenschlagen, nochmals tüchtig kneten, dann halbieren. Jede Teighälfte zu einem dicken Strang von etwa 60 cm Länge formen. Einen zweiteiligen Zopf zu flechten beginnen. Nach dem dritten Kreuzen die Enden fest unter das Brot drücken (siehe Farbbild Seite 27). Das Zopfbrot von allen Seiten etwas zusammendrücken, so daß es rund und hoch wird. Ein Backblech einfetten, das Zopfbrot darauflegen und nochmals 10–15 Minuten gehen lassen. • Dann sehr kalt stellen, bis der Backofen auf 175° C (Gas Stufe 3) vorgeheizt ist. • Das Eigelb verquirlen, das Brot damit bestreichen. In den vorgeheizten Backofen auf die unterste Schiene geben und 40 Minuten backen lassen. Eventuell nach 30 Minuten mit Alufolie abdecken.

So schmeckt's am besten: Dieses Brot darf man in Milchkaffee stippen.

> **Unser Tip** Den Teig in 4 Stränge teilen und 2 kleine Zopfbrote formen. Ein Brot nach dem Backen erkaltet einfrieren, bei Bedarf nochmals 10 Minuten bei 200° C aufbacken.

Schwedisches Weißbrot

Zutaten für 1 Brot (20 Scheiben):
¼ l Milch · 100 g Margarine · 2 Eier · ¼ Teel. Salz · 75 g Zucker · 1 gestrichener Teel. Zimtpulver · 1 Päckchen Trockenhefe · 500 g Weizenmehl Type 405 · 1 Eßl. Wasser · 1 Prise Salz · 1 Eßl. Hagelzucker · 20 g gehackte Mandeln
Pro Scheibe etwa 710 Joule/170 Kalorien

● Zubereitungszeit: 90 Minuten
● Backzeit: 30 Minuten

So wird's gemacht: Die Milch erwärmen und die Margarine in der lauwarmen Milch schmelzen lassen. Das eine Ei kräftig einrühren, dann das Salz und den Zucker dazugeben. Den Zimt und die Trockenhefe unter das Mehl mischen und nach und nach die Milchmischung unterrühren, bis alles gut vermischt ist. • Den Teig auf bemehltem Brett etwa 10 Minuten kräftig kneten, bis er glänzt. Eine Schüssel leicht ausfetten, den Teigballen hineinlegen und zugedeckt an warmem Ort 40 Minuten gehen lassen; dann hat sich der Teig verdoppelt. • Den Teig zusammenschlagen und auf bemehltem Brett nochmals durchkneten. Ein Brot von etwa 20 cm Länge daraus formen und auf ein gefettetes Backblech legen. Leicht bedeckt an warmem Platz nochmals 20 Minuten gehen lassen. • Den Backofen auf 200° C (Gas Stufe 4) vorheizen. Das verbliebene Ei mit dem Wasser und der Prise Salz verquirlen. Das Brot mehrmals mit scharfem Messer schräg einkerben, dann mit dem Ei bestreichen und mit dem Hagelzucker sowie den Mandeln bestreuen. Den Laib auf die mittlere Schiene des Backofens schieben. 30 Minuten backen lassen.

So schmeckt's am besten: bestrichen mit bitterer Orangenmarmelade oder mit Quark, der mit 1 Prise Salz verrührt wurde.

Variante: Fint-Brötchen
18 Brötchen oder Semmeln formen, etwa 20 Minuten backen lassen.

Jüdisches Sesambrot

Zutaten für 1 Zopfbrot (20 Scheiben):
1 Würfel Preßhefe · 6 Eßl. lauwarmes Wasser · 1 Teel. Honig · 3 Eier · 1 gestrichener Teel. Salz · 3 Eßl. Öl · 300–350 g Weizenmehl Type 405 · 1 Eßl. Wasser · 2 Eßl. Sesamsamen
Pro Scheibe etwa 460 Joule/110 Kalorien

● Zubereitungszeit: 2 Stunden und 15 Minuten
● Backzeit: 40 Minuten

So wird's gemacht: Die Hefe in das lauwarme Wasser bröckeln, dazu den Honig, und alles unter Rühren auflösen. • In eine große Schüssel die Eier schlagen – 1 Eigelb zurückbehalten. Nun das Salz und das Öl mit den Eiern kräftig verrühren. Die Hefe-Honig-Mischung dazugeben. 150 g Mehl unterrühren, dann weitere 150 g Mehl darunterschlagen, eventuell noch 50 g Mehl zusätzlich einarbeiten. Den Teig auf bemehltem Brett kneten, bis er glatt und glänzend ist. • Eine Schüssel leicht ausfetten und den Teigballen darin zugedeckt an warmem Ort gehen lassen, bis er doppelten Umfang hat – etwa 45 Minuten. • Den Teig zusammenschlagen, durchkneten, in 3 gleichgroße Stücke schneiden. Auf bemehltem Brett zu gleichlangen Rollen arbeiten. Daraus einen Zopf flechten, die Enden fest unter den Zopf schieben. Ein Backblech einölen und den Zopf darauflegen. • Das zurückbehaltene Eigelb mit 1 Eßlöffel Wasser verquirlen und den Zopf damit bestreichen. Reichlich mit Sesamsamen bestreuen. Leicht mit einem Tuch bedecken und 30 Minuten gehen lassen. • Den Backofen auf 200° C (Gas Stufe 4) vorheizen. Das Blech auf Mittelschiene einschieben und den Zopf 40 Minuten backen lassen, bis er goldbraun ist. • Das Zopfbrot hält sich in Alufolie oder im Brotkasten fast 1 Woche.

Hier wird ein Zopf aus drei Teigsträngen geflochten. Wie man ihn aus zwei Strängen arbeitet, sehen Sie auf Seite 27.

So schmeckt's am besten: auf israelische Art = gebuttert und mit Puterbrust belegt zum Frühstück.

Unser Tip Sesamsamen nur in kleinen Mengen einkaufen, er wird leicht ranzig.

Haselnußbrot

Zutaten für 1 Brot (18 Scheiben):
500 g Weizenvollkornmehl Type 1700 ·
1½ Würfel Preßhefe · 2 Eßl. Honig · ¼ l lau-
warmes Wasser · 100 g Öl · 3 gestrichene
Teel. Salz · 2 gestrichene Teel. Zimtpulver ·
¼ Teel. gemahlener Kardamom · 250 g ge-
mahlene Haselnüsse · etwas gezuckerte Milch
zum Bestreichen
Pro Scheibe etwa 1090 Joule/260 Kalorien

● Zubereitungszeit: 70 Minuten
● Backzeit: 40–50 Minuten

So wird's gemacht: Das Mehl in eine Schüssel geben. Die zerbröckelte Hefe und den Honig im Wasser klümpchenfrei lösen, unter das
Mehl mengen und verkneten. Den Teigkloß
zugedeckt an warmem Ort 20 Minuten gehen
lassen. • Das Öl, das Salz, die Gewürze und
die Haselnüsse auf den Teig geben und zunächst mit einem schweren Holzlöffel unter
den Teig schlagen. Wenn sich alles einiger-
maßen gebunden hat, auf einer Arbeitsplatte
kräftig durchkneten, bis der Teigkloß glänzend und glatt wird. • Einen länglichen Brotlaib daraus formen und auf ein gefettetes
Backblech setzen. Zugedeckt 20 Minuten gehen lassen. • Den Backofen auf 225° C (Gas
Stufe 4–5) vorheizen. Das Backblech auf die
Mittelschiene geben und das Nußbrot
40–50 Minuten backen lassen. Noch heiß mit
gezuckerter Milch bestreichen.

So schmeckt's am besten: ohne alles oder nur
mit etwas Honig betropft.

Gewürzbrot

macht vor allem Anfängern Spaß, und da in
der Kastenform gebacken wird, kann nicht
viel passieren.

Zutaten für 1 Brot (10 Scheiben):
1 Päckchen Trockenhefe · 300 g Weizenmehl
Type 405 · ¼ l lauwarmes Wasser · 1 Eßl.
Margarine · 1 gestrichener Eßl. Zucker · 2 ge-
strichene Teel. Salz · 1 Eßl. Selleriesaat ·
1 Eßl. Sesamsaat · 1 gestrichener Teel. Zimt-
pulver · ¼ Teel. gemahlener Anis
Pro Scheibe etwa 650 Joule/155 Kalorien

● Zubereitungszeit: 90 Minuten
● Backzeit: 45 Minuten

So wird's gemacht: Die Hefe mit 200 g Mehl
mischen, das Wasser, die Margarine, den
Zucker und das Salz dazugeben. 4 Minuten
mit dem Knethaken der Küchenmaschine
oder so lange mit der Hand schlagen, bis der
Teig Blasen wirft. • Das restliche Mehl und
alle Gewürze dazugeben. Glatt schlagen. Zugedeckt an warmem Ort etwa 30 Minuten gehen lassen, bis sich der Teig verdoppelt hat. •
Den Teig zusammenschlagen. In eine ausge-
butterte Kastenform (20 cm) oder eine Aluform geben, mit bemehlter Hand glattstreichen. Bedeckt nochmals etwa 40 Minuten gehen lassen. • Den Backofen auf 200° C (Gas
Stufe 4) vorheizen. Das Brot auf der 2. Schiene von unten 45 Minuten backen lassen.

So schmeckt's am besten: nach 3–5 Tagen (in
Alufolie gewickelt aufbewahren) nachmittags
zu Tee, abends zu Wein – nicht zum Früh-
stückskaffee.

Variante: Wenn Sie Anis lieben, können Sie das gegangene Brot mit etwas Eiweiß bestreichen und mit Anis bestreuen.

Leichter Quarkstuten

Wir machen ihn gerne, da er sich durch den reichlich verwendeten Quark lange frisch hält.

Zutaten für 1 Stuten (18 Scheiben):
½ Würfel Preßhefe · 4 Eßl. lauwarmes Was-
ser · 300–350 g Weizenmehl Type 405 · 200 g
Quark (40%) · 60 g Zucker · 50 g weiche But-
ter oder Margarine · 2 Eier · ½ Teel. Salz
Pro Scheibe etwa 565 Joule/135 Kalorien

- Zubereitungszeit: 50 Minuten
- Backzeit: 30–35 Minuten

So wird's gemacht: Die Hefe in dem lauwarmen Wasser auflösen. Das Mehl, den Quark, den Zucker, das weiche Fett, die beiden Eier und das Salz nacheinander in eine Schüssel geben, verrühren und die Hefe daruntermengen. Den Teig etwas abschlagen, dann auf bemehltem Brett kneten, bis er glatt und glänzend ist. • Eine Kastenkuchenform (25 cm) gut ausfetten, den Teig zu einem länglichen Brot formen und hineingeben. Den Backofen auf 50° C oder niedrigste Gasstufe stellen und das Brot auf der Mittelschiene hineinschieben. Gehen lassen, bis es doppelt so groß geworden ist – etwa 20 Minuten. • Dann die Kastenform auf die unterste Schiene stellen und den Ofen auf 200° C (Gas Stufe 4) schalten. Den Stuten 30–35 Minuten backen lassen. Da er schnell braun wird, bitte aufpassen und eventuell mit Alufolie abdecken.

So schmeckt's am besten: zum Frühstück, mit herben Marmeladen, aber auch mit Leberwurst bestrichen.

> **Unser Tip** Mit Magerquark und halb Süßstoff halb Zucker bereitet, ein ausgesprochenes Diätrezept.

Variante: Leichter Rosinenstuten
50 g Sultaninen einige Stunden in Wasser quellen lassen, abgießen und unter den Teig kneten.

Brot für die Party

Eine echte Hilfe für alle, die gerne eine Party geben und etwas gegen gekaufte Salzstangen und Kartoffelchips haben. Wir bieten Hausmacherrezepte für Brezeln, Brötchen und Stangen an, die aus der Hand gegessen werden genau wie die Brotecken nach Großmutters Art, die, in Stücke gebrochen, eine ganz normale Bouillon in eine Mitternachtssuppe mit Pfiff verwandeln.

Unser Georgisches Käsebrot verlangt zwar etwas Fingerfertigkeit, macht aber den Aufwand durch seinen Erfolg immer wett. Da Bilder manchmal mehr als Worte sagen, haben wir Arbeitsfotos machen lassen. Ganz persönlich raten wir Ihnen zu den Blumentopfbroten, die aus unserem eigenen Partyrepertoire nicht mehr wegzudenken sind.

Georgisches Käsebrot Chatschapuri

Bild Seite 38

Diese Spezialität backen wir gerne für einen Imbiß oder ein Abendessen im Sommer.

Zutaten für 1 Brot (12 Stücke):
¼ l lauwarme Milch · 1 Würfel Preßhefe ·
½ Teel. Zucker · 500–600 g Weizenmehl Type
405 · 1 gestrichener Eßl. Zucker · 2 gestriche-
ne Teel. Salz · 125 g weiche Butter
Für die Füllung: 125 g Emmentaler Käse
(45%) · 125 g Schafkäse (50%) · 125 g weicher,
milder Camembert (45%) · 125 g Quark
(20%) · 15 g Butter · 1 Ei
Pro Stück etwa 1780 Joule/425 Kalorien

● Zubereitungszeit: 1 Stunde und 45 Minuten

● Backzeit: 1 Stunde

So wird's gemacht: In ⅛ l lauwarme Milch die Hefe hineinbröseln, ½ Teelöffel Zucker zufügen und rühren, bis sich die Hefe gelöst hat. Warm und zugfrei stellen, 10 Minuten gehen lassen. ● 500 g Mehl in eine große Schüssel geben. Die restliche Milch, die Hefelösung, 1 Eßlöffel Zucker, das Salz und die Butter mit großem Löffel gut mit dem Mehl verrühren. Kräftig schlagen, bis der Teig glatt ist und sich von der Schüssel löst. Eventuell noch etwas Mehl darunterschlagen. ● Den Teigkloß auf immer wieder bemehlter Arbeitsplatte 10 Minuten gründlich kneten. Ist er glatt und elastisch, in leicht gefettete Schüssel legen und zugedeckt an warmem Ort gehen lassen, bis er sich verdoppelt hat, etwa 45–60 Minuten. ● Den Emmentaler Käse kleinhacken. Den Schafkäse zerbröckeln und mit dem Camembert, dem Quark, der Butter und dem Ei im Mixer zu einer glatten, zähen Masse pürieren oder durch ein Haarsieb streichen und glattrühren. Den Emmentaler daruntermischen. ● Den Backofen auf 50° C (Gas niedrigste Stufe) vorheizen. ● Den Teig zusammenschlagen, durchkneten, auf bemehltem Brett zu einem Kreis von etwa 55 cm Durchmesser ausrollen, leicht bemehlen und vierfach falten. Das Kreisviertel mit der Spitze in die Mitte einer gefetteten Springform von 22 cm Durchmesser legen. Wieder auseinanderfalten, so daß der Teig gleichmäßig über den Formrand hängt. Teig am Boden der Form glattstreichen. ● Die Käsefüllung in der Mitte zu einem Berg häufen. Heraushängenden Teigrand nach innen über den Käseberg decken, dabei den Teig in lockere Falten legen. Die Form beim Teigfalten um die eigene Achse drehen, damit die Falten gleichmäßig werden. Die Teigenden in der Mitte zusammenfassen und zu einem Knauf drehen (siehe Farbbild Seite 38). • Das Käsebrot 10 Minuten auf der Mittelschiene gehen lassen, dann auf 175° C (Gas Stufe 3) schalten und das Brot 1 Stunde backen lassen.

So schmeckt's am besten: wie eine Torte aufgeschnitten, fast erkaltet mit grünem Salat als Abendessen.

Blumentopfbrot nach Graham Kerr

Bild Seite 28

Ein Brot, das unsere Gäste ganz besonders gerne essen.

Zutaten für 4 Blumentopfbrote (40 Scheiben): 900–1000 g Weizenmehl Type 405 oder 550 · 1 gestrichener Eßl. Salz · 2 Päckchen Trockenhefe · 1 gestrichener Eßl. Zucker · ⅜ l lauwarme Milch · ¼ l lauwarmes Wasser · etwa 4 Eßl. Butter
Pro Scheibe etwa 420 Joule/100 Kalorien

● Zubereitungszeit: 3 Stunden und 30 Minuten
● Backzeit: 40 Minuten

So wird's gemacht: Vom Mehl 900 g in eine Schüssel sieben, mit dem Salz vermengen, eine Mulde hineindrücken, die Hefe und den Zucker zugeben, die lauwarme Milch und das lauwarme Wasser unter Rühren nach einer Richtung einrühren und dabei etwa die Hälfte des Mehls mit einarbeiten. Diesen Vorteig mit etwas Mehl bestreuen, die Schüssel mit einem Küchentuch zudecken und den Vor-

teig an warmem Ort 15 Minuten gehen lassen. • Den gegangenen Vorteig unter das übrige Mehl schlagen, bis sich der Teig von der Schüssel löst. Dann auf bemehltem Brett kneten, bis der Teig glatt und glänzend ist – etwa 15 Minuten. Eine Schüssel ausmehlen, den Teigballen hineingeben, wieder zudecken und an warmem Ort 2 Stunden gehen lassen. • Den Teig zusammenschlagen und in 4 Stücke teilen. Jedes Stück noch einmal durchkneten, zum Ball formen und in einen vorbereiteten Blumentopf (12–14 cm Durchmesser) setzen. Wieder abdecken und nochmals 30 Minuten gehen lassen. • Den Backofen auf 225° C (Gas Stufe 4–5) vorheizen. Die Töpfe auf dem Rost in die unterste Schiene schieben und die Brote 40 Minuten backen lassen. • Ein Brot aus dem Topf kippen, sollte es noch zu hell sein, im Topf noch 10 Minuten nachbacken. • Die Oberseite der heißen Brote mit abgeschäumter flüssiger Butter bestreichen.

So schmeckt's am besten: Die Brote rund aufschneiden, buttern und mit runden Käse-, Wurst- oder Schinkenscheiben belegen.

Unser Tip Blumentöpfe eignen sich gut als Backformen! Neue Blumentöpfe aus Ton scheuern und gut trocknen lassen. Mit zerlassener, abgeschäumter Butter ausstreichen. Die Töpfe auf dem Backblech 30 Minuten im Backofen bei 225° C (Gas Stufe 4–5) erhitzen. Raucht stark! Abkühlen lassen. Vor Gebrauch stets wieder ausfetten. Niemals abwaschen.

Salzbrezeln

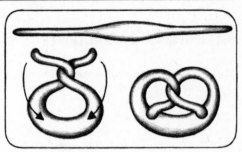

Der Teigstrang bleibt in der Mitte dick. Die Enden zweimal verschlingen und andrücken.

Zutaten für 15 Brezeln:
500–550 g Weizenmehl Type 405 · 1 gestriche-
ner Teel. Salz · ¼ Würfel Preßhefe · 1 Prise
Zucker · ⅛ l lauwarmes Wasser · 20 g Butter ·
⅛ l lauwarme Milch
Für die Lauge: 3 l Wasser · 2 gestrichene Eßl.
Salz · 3 Eßl. grobes Salz
Pro Stück etwa 585 Joule/140 Kalorien

● Zubereitungszeit: 1 Stunde und 45 Minuten
● Backzeit: 30 Minuten

So wird's gemacht: Das Mehl in eine Schüssel sieben, das Salz untermischen. In die Mitte eine Mulde drücken. Die Hefe hineinbröseln und den Zucker darüberstreuen, mit 4 Eßlöffeln lauwarmem Wasser und etwas Mehl vom Muldenrand anrühren und zugedeckt an warmem Ort 10 Minuten gehen lassen. ● Die Butter in der lauwarmen Milch schmelzen lassen. Den Hefevorteig unter das Mehl rühren, die Milch und das restliche Wasser zugießen und den Teig schlagen, bis er sich von der Schüssel löst. ● Den Teig auf dick bemehltem Brett kneten, bis er glatt ist. Ein Tuch über den Teigballen legen und den Teig 30 Minuten gehen lassen. ● Nochmals kräftig durchkneten und in 15 Stücke teilen. Jedes Teil zu einem Strang von 30 cm Länge mit dickem Mittelstück und dünnen Enden rollen. Das Brett immer wieder bemehlen, der Teig klebt leicht an. Brezeln formen, dabei die Enden gut überkreuzt auf das dickere Mittelteil drücken. Die Brezeln zudecken und nochmals 10 Minuten mehr ruhen als gehen lassen. ● Den Backofen auf 230° C (Gas Stu-

fe 4–5) vorheizen und in einem großen Topf stark gesalzenes Wasser zum Kochen bringen. Die Brezeln der Reihe nach hineingeben und sofort mit einem Schaumlöffel herausnehmen, wenn sie hochkommen, das geht sehr schnell. Auf ein Küchentuch zum Abtropfen legen. ● Die Brezeln mit scharfem Messer am dicken Mittelstück etwas einschneiden und mit grobem Salz bestreuen. Auf bemehltem Backblech auf der Mittelschiene in den Backofen schieben. ½ Tasse Wasser auf den Ofenboden gießen, die Türe sofort schließen. Die Temperatur auf 200° C (Gas Stufe 4) herunterschalten und die Brezeln 30 Minuten backen lassen.

So schmeckt's am besten: knackig frisch ohne alles, auch wenn die Brezeln nicht ganz so braun wie vom Bäcker werden.

Unser Tip Besorgen Sie sich Brezelsalz vom Bäcker, es ist am besten. Statt der Brezeln können Sie auch Ringe, Stangen oder kleine Bierbrötchen formen, das geht schneller.

Im Uhrzeigersinn von oben: ▷
Sibirische Zwiebelfladenbrote, Knäckebrot nach
Hausmacherart, Sojafladen, Sesamfladen, Franzö-
sisches Fladenbrot. Rezepte Seite 43, 52, 44, 45, 42.

Cheddarbrötchen

Diese Brötchen brauchen keinen Aufstrich
und können aus der Hand gegessen werden.

Zutaten für 12 Brötchen:
200 g Weizenmehl Type 405 oder 550 · 1 Päck-
chen Backpulver · ½ Teel. Salz · 50 g Butter
oder Margarine · oder statt dieser Zutaten
250 g Tiefkühl-Mix (Rezept Seite 8) · 100 g
Cheddarkäse (50%) · 50 g Rohrzwiebeln (Früh-
lingszwiebeln) · ¼ Teel. Salz · 1 Ei · 4 Eßl.
Weißwein · 0,1 l Milch
Pro Stück etwa 605 Joule/145 Kalorien

- Zubereitungszeit: 30 Minuten
- Backzeit: 25–30 Minuten

So wird's gemacht: Das Mehl in eine Schüssel sieben, mit dem Backpulver und dem Salz
mischen. Die sehr kalte Butter in Stückchen
dazugeben. Mehl und Butter mit den Händen
verreiben, bis alles wie feiner Grieß ist. Oder
eingefrorenen Mix verwenden. • Den Käse
reiben, die Zwiebeln mit allem Grün sehr fein
hacken, mit dem Salz kurz unter das Mehl
rühren. Das Ei leicht verquirlen, zusammen
mit dem Wein und der Milch zugeben, sorg-
fältig verarbeiten. • Den Backofen auf 200° C
(Gas Stufe 4) vorheizen. Nun den Teig in ausgefettete Backförmchen oder eine 12er Muf-
finform etwa ⅔ hoch einfüllen und glattstreichen. Auf der Mittelschiene in den vorgeheizten Ofen geben und 25–30 Minuten backen
lassen.

So schmeckt's am besten: heiß zu Wein. Die
Brötchen lassen sich in 3 Minuten bei 200° C
wieder erhitzen.

Variante: Sherrybrötchen
Alle Zutaten genauso verarbeiten, nur den
Wein weglassen und dafür 5 Eßlöffel trockenen Sherry nehmen. Dann nicht zu Wein sondern zu Tee anbieten.

Variante: Parmesanbrötchen
Alle Zutaten genauso verarbeiten, nur statt
100 g Cheddarkäse 100 g Parmesan verwenden. 20 Minuten backen lassen, der Parmesan
bräunt schneller.

Unser Tip Verwenden Sie nur alten, trockenen Cheddar zum Reiben,
dann gehen die Brötchen sehr schön
auf. Frischer Cheddar ist dafür zu
schwer.

Brotecken nach Großmutters Art

Roggenmehl mit Backpulver ist eine schnelle
Sache; das Ergebnis muß aber frisch gegessen werden. Wenn Sie die Brotecken zur
Mitternachtssuppe servieren wollen, stellen
Sie die Teigstücke geformt in den Kühlschrank und backen sie erst kurz vor dem An-
richten frisch.

Zutaten für 8 Brotecken:
200 g Roggenmehl Type 997 · 1 Päckchen
Backpulver - 1 gestrichener Teel. Zucker ·
1 gestrichener Teel. Salz · ½ Teel. gemahlener
Kümmel · 60 g Butter oder Margarine ·
2 Eier · 4 Eßl. Sahne · 1 Eßl. Kümmel
Pro Stück etwa 775 Joule/185 Kalorien

◁ Eine Spezialität für die sommerliche Party: Georgisches Käsebrot. Wie man es faltet, sehen Sie hier Schritt für Schritt. Rezept Seite 33.

- Zubereitungszeit: 25 Minuten
- Backzeit: 20 Minuten

So wird's gemacht: In eine Schüssel das Mehl sieben. Das Backpulver, den Zucker, das Salz und den gemahlenen Kümmel dazumischen. Die Butter oder Margarine in Flocken daraufsetzen und mit trockenen Händen verreiben, bis alles etwas bröselig ist. • Die Eier verquirlen (1 Eßlöffel Ei zurückbehalten) und mit der Sahne darangeben, gut untermengen. Den festen Teig auf ein bemehltes Brett geben und kneten, bis er glatt und glänzend ist. • In 2 Stücke teilen, Kugeln daraus formen. Die Kugeln zu Kreisen von je 12–15 cm ausrollen. Jeden Kreis mit einem scharfen, nassen Messer über Kreuz in 4 Ecken schneiden. • Den Backofen auf 200° C (Gas Stufe 4) vorheizen. Ein Backblech einfetten und die Ecken so anordnen, daß sie einen Abstand von 2–3 cm zueinander haben. Mit Ei bestreichen und mit Kümmel bestreuen. Das Backblech auf die Mittelschiene schieben und die Brotecken 20 Minuten backen lassen.

So schmeckt's am besten: frisch, ohne Butter, zu herzhaften Suppen oder Eintöpfen.

Variante: Sesambrotecken
Den Teig ohne Kümmel zubereiten. Die mit Ei bestrichenen Teigecken mit ungeschältem Sesamsamen bestreuen.

Tomatenstangen

Zutaten für 4 Stangenbrote (40 Stücke):
600–650 g Weizenmehl Type 550 · 2 gestrichene Eßl. Zucker · 2 gestrichene Teel. Salz ·
1 Päckchen Trockenhefe · 0,3 l Tomatensaft ·

30 g Butter oder Margarine · 1 Ei · 1 Eßl.
Kümmel
Pro Stück etwa 315 Joule/75 Kalorien

- Zubereitungszeit: 90 Minuten
- Backzeit: 25 Minuten

So wird's gemacht: 600 g Mehl, den Zucker und das Salz in eine Schüssel sieben. Die Hefe daruntermischen. • Den Tomatensaft erwärmen, die Butter oder Margarine zerlassen. Beides warm zum Mehl geben und daruntermengen. Den Teig kräftig schlagen. Auf bemehltem Brett weitere 10 Minuten kneten, eventuell noch das ganze restliche Mehl einarbeiten. Den Teigballen in ausgemehlter Schüssel zugedeckt an warmem Ort 30 Minuten gehen lassen. • Den Teig zusammenschlagen und in 4 Stücke teilen. Aus jedem Stück eine Stange von etwa 30 cm Länge formen. Ein Backblech einfetten, die Stangenbrote darauflegen, mit Küchentuch abgedeckt 20 Minuten gehen lassen. • Das Ei verquirlen und die Stangen damit bestreichen, dann reichlich mit Kümmel bestreuen. Den Backofen auf 200° C (Gas Stufe 4) vorheizen. Die Brote auf der Mittelschiene 25 Minuten backen lassen.

So schmeckt's am besten: Die Stangen nicht schneiden, sondern brechen und trocken zu Bier oder mitternächtlicher Suppe reichen.

Variante: Scharfe Tomatenstangen
Alle Zutaten genauso verarbeiten, jedoch statt Tomatensaft Sangrita picante verwenden.

Variante: Statt der 4 Stangenbrote viele schmale, 10 cm lange Stangen formen und 15 Minuten backen lassen.

Mailänder Figurenbrote

Wir haben sie so benannt, da sie aus Cornetti (= Mailänder Brotteig) gebacken werden. Verlieren Sie nicht den Mut, wenn die ersten Figuren nicht ganz so hübsch ausfallen, dafür sind sie Ihre ganz persönlichen Kunstwerke.

Zutaten für 15 Figuren:
500 g Weizenmehl Type 405 · ½ Würfel Preß-
hefe · ½ Teel. Zucker · ⅜ l lauwarmes Was-
ser · 2 Eßl. Öl · 2 gestrichene Teel. Salz ·
1 Eiweiß
Pro Stück etwa 565 Joule/135 Kalorien

- Zubereitungszeit: 2 Stunden
- Backzeit: 15 Minuten

So wird's gemacht: Das Mehl in eine große Schüssel sieben, in die Mitte eine Mulde drücken. Die Hefe mit dem Zucker in ⅛ l lauwarmem Wasser lösen und in die Mulde gießen, dann etwas Mehl von den Rändern mit einrühren. Zudecken und 10 Minuten gehen lassen. • Das restliche Wasser mit der gegangenen Hefe unter das Mehl rühren, das Öl und das Salz dazugeben. Den Teig kräftig abschlagen, bis er glatt ist. Den nicht sehr festen Teig an einem warmen Ort etwa 30 Minuten gehen lassen, bis er sich verdoppelt hat. • Den Hefeteig zusammenschlagen und nochmals 30 Minuten gehen lassen. • Den Teig wiederum zusammenschlagen und kleine Stückchen abschneiden. Die Teilchen mit bemehlten Händen etwas durchkneten und dabei formen: Kugeln, Dreiecke, Streifen und Rollen. Diese zu beliebigen, aber regelmäßi-

gen Figuren zusammensetzen. An den Berührungsstellen mit etwas verquirltem Eiweiß bestreichen und zusammenkleben. Die Stücke auf ein gefettetes Backblech legen und nochmals 20 Minuten gehen lassen. • Den Backofen auf 220° C (Gas Stufe 4–5) vorheizen. Die Figuren mit Wasser bestreichen und auf der Mittelschiene einschieben; 15 Minuten backen lassen. Die Teilchen heiß wiederum mit Wasser bestreichen, das läßt sie schön glänzen.

So schmeckt's am besten: Stückchen abbrechen und mit Butter bestreichen.

Riesenrolls

Zutaten für 2 Rolls (32 Scheiben):
30 g Butter oder Margarine · 0,4 l Milch ·
1 Würfel Preßhefe · 600–650 g Weizenmehl
Type 405 · 40 g Zucker · 2 gestrichene Teel.
Salz
Füllung 1: 2 Zwiebeln · 1 Knoblauchzehe ·
40 g gehackte Petersilie · 30 g Butter · 2 Eier ·
1 gestrichener Teel. Salz · 1 Prise Pfeffer ·
1 Spritzer Tabasco
Füllung 2: 2 kleine Dosen Sardellenfilets ·
1 Knoblauchzehe · 1 kleine Dose Tomaten-
mark · 1 Ei · 1 Eigelb · 1 Prise Cayennepfeffer
Pro Scheibe etwa 525 Joule/125 Kalorien

- Zubereitungszeit: 2 Stunden und 30 Minuten
- Backzeit: 50–60 Minuten

So wird's gemacht: Den Brotteig nach dem Rezept »Vielseitiges Weißbrot« (Seite 22) herstellen. Die Füllungen zubereiten, während der Teig gehen muß. • Für die erste Füllung die Zwiebeln und den Knoblauch hacken. Beides mit der Petersilie in der Butter dünsten, nicht bräunen. Kalt werden lassen. Die Eier verquirlen (1 Eßlöffel Ei zurücklassen) und mit dem Salz unter die Zwiebelmischung rühren. Mit Pfeffer und Tabasco würzen. • Für die zweite Füllung die Sardellenfilets abtropfen, den Knoblauch hacken, beides zusammen zu einer Paste zerdrücken. Das Tomatenmark, das verquirlte Ei und das Eigelb daranrühren (1 Eßlöffel Ei zurücklassen). Mit Cayennepfeffer würzen. • Den gegangenen Teig halbieren. Zwei Rechtecke von 35 × 50 cm ausrollen. Jedes mit einer der Füllungen bestreichen, aber 3 cm Rand frei lassen. Die Teigplatten von der schmalen Seite her aufrollen, die Seitenenden unter den Teig drücken. • Die Rolls mit den Nahtstellen nach unten in je eine Kastenform (25 cm) setzen. Zugedeckt an warmem Ort 40 Minuten gehen lassen. • Den Backofen auf 200° C (Gas Stufe 4) vorheizen. Die Rolls mit Ei bestreichen. Nebeneinander auf der untersten Schiene 50–60 Minuten backen lassen. Eventuell mit Alufolie abdecken, da das Ei schnell bräunt.

<u>So schmeckt's am besten</u>: wenn möglich lauwarm aus der Hand.

Variante: Zwiebelrolls
Die Teigzutaten genauso verarbeiten, aber nur 2 Teelöffel Zucker nehmen. 300 g gehackte Zwiebeln und 100 g gewürfelten Speck in 2 Eßlöffel Öl bräunen, abkühlen lassen. Vom Teig 2 Rechtecke von 40 × 60 cm ausrollen, mit Füllung bestreichen, aufrollen. In 32 Rolls schneiden. Auf der Schnittfläche in 2 ausgefettete Backformen (20 cm) setzen, gehen lassen, dann 30 Minuten backen lassen.

Variante: Nach Phantasie füllen, aber die Füllung immer mit verquirltem Ei zubereiten, denn so bindet sie sich am besten.

Rolls können im Ganzen gebacken werden, oder man schneidet sie in dicke Stücke und setzt sie auf die Schnittfläche in die Form.

Brot als Beilage, Fladen und Co.

Eine Sammlung von Broten aus Frankreich bis Sibirien, in Konsistenz, Würzung, Triebmitteln und Mehlsorten grundverschieden, im Zweck aber alle gleich: Es sind Brote, die statt Kartoffeln, Reis oder Nudeln zu soßigen Gerichten serviert werden können nach der andalusischen Eß-Weisheit: »Stippen ist erlaubt, manschen ist ratsam, Auftunken und Teller leerwischen geradezu lebensnotwendig.«

So ein guter Saucenwischer ist das lockere, helle und füllige französische Fladenbrot; das Maisbrot ist eine kräftige Basis zu Gulasch, Bratensaft oder einem Sugo. Die Fladen aus Sibirien, flach wie Knäckebrot, ohne jegliches Triebmittel hergestellt, krachen beim Hineinbeißen und schmecken solo gut zu einem kräftigen Wein oder einem herben Bier. Das Südtiroler Vorschlagbrot ist ein reines Wein-Brot. Es wird, zumindest in Süddeutschland, häufig in Läden angeboten, aber selbstgebacken schmeckt es natürlich besser.

Französisches Fladenbrot

Bild Seite 37

Zutaten für 1 Fladen (12 Stücke):
¼ Würfel Preßhefe · 3 Eßl. lauwarmes Wasser · ⅓ l Milch · 20 g Butter · 300–350 g Weizenmehl Type 405 · 1 gestrichener Teel. Salz · 10 g Zucker · 1 Eßl. Öl · 2 Eßl. grobes Salz · 1 Eßl. Fenchelsamen
Pro Stück etwa 565 Joule/135 Kalorien

- Zubereitungszeit: 1 Stunde
- Backzeit: 15 Minuten

So wird's gemacht: Die Preßhefe in dem lauwarmen Wasser auflösen und etwas stehenlassen. Die Milch wenig erwärmen. Die Butter darin zerlassen. • 300 g Mehl in eine Schüssel sieben, mit dem Salz und dem Zucker, dann mit der leicht gegangenen Hefe mischen. Dann die Milch-Butter-Mischung zugießen. Den Teig gut abschlagen, bis er sich von der Schüssel löst. Mit Küchentuch bedeckt an warmem Ort 30 Minuten gehen lassen. • Den Teig zusammenschlagen, auf dick bemehltem Brett durchkneten – dabei noch etwas Mehl dazugeben –, bis er fest und glatt ist. • Rechteckig ausrollen und in eine kunststoffbeschichtete Back-Grill-Form (24 × 32 cm) legen. 10–15 Minuten ruhen lassen, der Teig soll nur wenig gehen. • Den Backofen auf 200° C (Gas Stufe 4) vorheizen. Die Teigplatte mit dem Öl bestreichen, mit dem groben Salz und dem Fenchelsamen bestreuen und dicht an dicht mit allen 10 Fingerkuppen eindrücken. Den Fladen auf der Mittelschiene in den vorgeheizten Backofen geben und 15 Minuten backen lassen. Er soll innen weich und außen knusprig sein.

So schmeckt's am besten: Heiß in 12 Rechtecke schneiden und zu Fleischgerichten oder nur zu einem Glas Wein reichen.

Variante: Anchovisfladen
Die Teigplatte statt mit Salz und Fenchelsamen mit Anchovispaste bestreichen und mit den Fingern eindrücken. Für Anchovispaste 1 Döschen Sardellenfilets gründlich wässern, abtrocknen, zerkleinern und mit 2 Eßlöffeln Öl unter Zerdrücken mit einer Gabel bei kleiner Hitze zu einer Paste verkochen.

Variante: Gewürzfladen
Dem Teig ¼ Teelöffel Ingwerpulver, ½ Tee-

löffel Anis, ½ Teelöffel Koriander, ½ Teelöffel Kümmel zusetzen. Die Fladen nur mit grobem Salz bestreuen.

> **Unser Tip** Wenn Sie keine rechteckige Backform haben, rollen Sie den Teig in 2 Streifen zu je 15 × 30 cm aus und backen zwei verschieden bestreute Fladen auf dem Backblech.

Südtiroler Fladenbrot

kann man immer im Hause haben, denn es schmeckt leicht altbacken am besten.

Zutaten für 1 Fladen (30 Streifen):
500 g Roggenmehl Type 997 · ½ Würfel Preßhefe · ¼ l lauwarmes Wasser · 2 gestrichene Teel. Salz · 1 Eßl. Anis · 1 gestrichener Teel. gemahlener Kümmel · 1 Eßl. Steinklee
Pro Stück etwa 250 Joule/60 Kalorien

● Zubereitungszeit: 50 Minuten
● Ruhezeit: mindestens 12 Stunden
● Backzeit: 40 Minuten

So wird's gemacht: Das Mehl in eine Schüssel sieben und in die Mitte eine Mulde drücken. Die zerbröckelte Hefe mit der Hälfte des lauwarmen Wassers und 2 Eßlöffeln Mehl verrühren. In die Mulde geben. Zugedeckt 20 Minuten gehen lassen. ● Das Mehl mit dem Vorteig kurz durchkneten. Über Nacht kühl stehen lassen. ● Das Salz, den Anis, den Kümmel und den Steinklee darüberstreuen und das restliche Wasser angießen. Den Teig

abschlagen und auf bemehltem Brett gründlich verneten. Den Backofen auf 250° C (Gas Stufe 5–6) vorheizen. Den Teigkloß zu einem flachen Kreis ausrollen und auf ein bemehltes Backblech legen. Mit allen Fingerkuppen versetzt eindrücken, so daß der Rand etwas wulstig wird. Mit einer Gabel mehrmals einstechen. 10 Minuten gehen lassen. ● Den Fladen auf der Mittelschiene in den Backofen schieben, auf 200° C (Gas Stufe 4) schalten. Das Fladenbrot 40 Minuten backen lassen. Noch warm in Streifen schneiden.

So schmeckt's am besten: ohne Butter oder Belag zu Suppen, Eintöpfen, zu Landwein.

> **Unser Tip** In Tirol verwendet man blauen Steinklee, unsere Apotheken haben nur gelben Steinklee (Herba Meliloti) vorrätig und verkaufen ihn als Tee. Wir haben damit gebacken. 10 g genügen für 2 Brote.

Sibirische Zwiebelfladenbrote

Bild Seite 37

Zutaten für 8 Fladen:
120 g Zwiebeln · 50 g Butter · ⅛ l lauwarmes Wasser · 200–250 g Weizenmehl Type 405 · ½ Teel. Salz
Pro Fladen etwa 855 Joule/170 Kalorien

● Zubereitungszeit: 45 Minuten
● Backzeit: 35 Minuten

So wird's gemacht: Die Zwiebeln feinhacken und in 15 g Butter glasig dünsten, aber nicht bräunen, dann abkühlen lassen. • 35 g Butter zerlassen und mit dem lauwarmen Wasser in eine Schüssel geben, nach und nach die Zwiebeln, das Mehl und das Salz einrühren und den Teig zu einem kompakten Ballen formen. • Den Teig in 8 Stücke teilen. Aus jedem Stück ein Bällchen machen. Jedes auf bemehltem Brett zu einem Kreis von etwa 20 cm Durchmesser ausrollen. Eine schwere Eisenpfanne ohne Fett sehr heiß werden lassen und die Fladen darin auf jeder Seite 3–4 Minuten backen lassen. Diese Fladenbrote werden sehr fest und nur ungleichmäßig braun.

So schmeckt's am besten: frisch, gebuttert, zu Joghurt und Milch. Statt Nüßchen zu einfachen Weißweinen knabbern.

Unser Tip Wenn die Zwiebelfladenbrote nicht gleich aufgegessen und dann weich werden, kann man sie im Ofen in 5–10 Minuten bei 125° C (Gas niedrigste Stufe) leicht aufbacken.

Variante: Kümmelfladen sibirische Art
Alle Zutaten genauso verarbeiten und reichlich Kümmel oder Cumin (gemahlenen Kreuzkümmel) unter den Teig mischen.

Sojafladen

Bild Seite 37

Zutaten für 1 Fladen (12 Stücke):
100–125 g Sojamehl, entfettet · 100–125 g Roggenmehl Type 997 · 1 gestrichener Teel. Salz · 1 gestrichener Teel. Zucker · 2 gestrichene Teel. Backpulver · 2 Eßl. Butter · 1 kleine Dose Kondensmilch (80 g) · 4 Eßl. Wasser
Pro Stück etwa 440 Joule/105 Kalorien

- Zubereitungszeit: 15 Minuten
- Backzeit: 10 Minuten

So wird's gemacht: Das Sojamehl und das Roggenmehl mit dem Salz, dem Zucker und dem Backpulver in einer Schüssel mischen. Die Butter langsam schmelzen lassen, mit der Kondensmilch und dem Wasser in die Schüssel gießen. So lange rühren, bis ein glatter Teig entsteht. • Den Backofen auf 225° C (Gas Stufe 4–5) vorheizen. Ein Backblech gut einfetten, den Teig daraufgeben und mit bemehlten Fingern zu einem Kreis von 35 cm Durchmesser ziehen und drücken, der Teig soll etwa 1 cm dick sein. Dicht mit einer Gabel einstechen. • Den Fladen auf der untersten Schiene 10 Minuten oder, bis er lichtbraun ist, backen lassen.

So schmeckt's am besten: Sofort wie Tortenstücke aufschneiden und noch heiß mit viel Butter servieren.

Unser Tip Sojamehl bekommt man im Reformhaus in den Typen »vollfett« und »entfettet«.

Sesamfladen – Tschúrek

Bild Seite 37

Zutaten für 10 Fladen:
900–950 Weizenmehl Type 405 · 1 Päckchen
Trockenhefe · 1 gestrichener Eßl. Zucker ·
125 g Butter · ½ l lauwarmes Wasser · 1 ge-
strichener Eßl. Salz · 2 Eßl. Sesamsamen
Pro Fladen etwa 2010 Joule/480 Kalorien

● Zubereitungszeit: 90 Minuten
● Backzeit: 4 mal 20 Minuten

So wird's gemacht: 900 g Mehl in eine Schüssel sieben, mit der Hefe und dem Zucker mischen. Die Butter langsam schmelzen und
wieder abkühlen lassen. • Das Wasser, die
flüssige Butter und das Salz zum Mehl geben
und alles gut verarbeiten. Den Teig schlagen,
bis er Blasen wirft. Mit Küchentuch bedecken
und etwa 50 Minuten an warmem Ort gehen
lassen, bis sich der Teig verdoppelt hat. • Den
Backofen auf 175° C (Gas Stufe 3) vorheizen.
Den Teig auf ein bemehltes Brett geben, kurz
durchkneten und in 10 gleichgroße Stücke
schneiden. Zu Kugeln formen und jede Kugel zu einem möglichst dünnen Fladen ausrollen. • Die Fladen auf ein gefettetes Blech
legen, mit etwas Wasser bespritzen und mit
Sesam bestreuen. (Auf ein normales Backblech passen 2–3 Fladen.) Auf der Mittelschiene im vorgeheizten Backofen 20 Minuten backen lassen. • Die Fladen halten sich,
in Alufolie gewickelt, mehrere Tage.

So schmeckt's am besten: zu Gegrilltem, zu
Käse und zu jedem Wein.

Maisbrot

Trotz Sauerteig und Backpulver bleibt dieses
Brot flach, aber saftig – fast speckig – und ist
daher eine feine Beilage.

Zutaten für 1 Brot (24 Scheiben):
175 g Maismehl · 1½ Teel. Zucker · 1½ Teel.
Salz · ⅜ l Milch · 2 Eier · 90 g Butter ·
1 Päckchen Backpulver · ⅜ l Sauerteig (Rezept
Seite 7)
Pro Scheibe etwa 400 Joule/95 Kalorien

● Zubereitungszeit: 20 Minuten
● Backzeit: 50 Minuten

So wird's gemacht: Das Maismehl mit dem
Zucker und dem Salz in einer Schüssel gut
mischen. Die Milch zum Kochen bringen
und kochend über das Mehl gießen, dabei
schnell glattrühren. • Die Eier verschlagen.
Die Butter zerlassen und abkühlen lassen. •
Das Backpulver über den Mehlbrei streuen
und unterrühren. Dann den Sauerteig und die
Eier untermengen und zuletzt die Butter darunterschlagen, bis alle Zutaten gut vermengt
sind. • Den Backofen auf 225° C (Gas Stufe 4–5) vorheizen. Eine eckige Backform von
24 × 24 cm oder eine runde Form mit fest-
schließendem Boden von 24 cm Durchmesser
ausfetten und den zähflüssigen Teig hineingießen. Auf der Mittelschiene im vorgeheizten Backofen 50 Minuten backen lassen.

So schmeckt's am besten: statt Kartoffeln zu
Fleischgerichten mit Sauce.

Variante: Pfeffer-Maisbrot
Alle Zutaten genauso verarbeiten, aber die

Butter weglassen und dafür 100 g geriebenen Parmesankäse, 2 gehackte Zwiebeln und 3 entkernte, feingehackte scharfe Peperoni einarbeiten.

> **Unser Tip** Reichen Sie Maisbrot zu Bratensaucenresten und dazu grünen Salat. Ein bequemes Sommerabendessen, da sich das Maisbrot morgens zubereiten und abends leicht erwärmen läßt.

Mais-Reis-Brot

Mais wird zum Backen immer mehlfein gemahlen verwendet. Die Reiskörner geben diesem Brot den Biß.

Zutaten für 1 Brot (14 Scheiben):
125 g Maismehl · 50 g Weizenmehl Type 405 ·
2 gestrichene Teel. Backpulver · ½ Teel. Salz ·
40 g Butter · 1 Ei · ⅛ l Wasser · ⅛ l Milch ·
150 g gekochter Reis
Pro Scheibe etwa 630 Joule/150 Kalorien

● Zubereitungszeit: 15 Minuten
● Backzeit: 30 Minuten

So wird's gemacht: Das Maismehl, das Weizenmehl, das Backpulver und das Salz in eine Schüssel sieben und mischen. Die weiche Butter mit dem Ei cremig rühren und zusammen mit dem Wasser und der Milch unter das Mehl arbeiten. Zuletzt den gekochten Reis daruntermischen. • Den Backofen auf 200° C (Gas Stufe 4) vorheizen. Eine Kastenform

(25 cm) ausfetten, den Teig hineingeben. Im vorgeheizten Ofen auf der Mittelschiene 30 Minuten backen lassen, bis das Brot schön braun ist.

So schmeckt's am besten: Heiß pfeffern und darauf kalte Butterflocken setzen. Warm statt Kartoffeln oder Nudeln zu Fleisch- und Gemüsegerichten servieren.

Variante: Reisbrot
Alle Zutaten genauso verarbeiten, aber statt Mais- und Weizenmehl nur 200 g Weizenmehl Type 405 verwenden und dem Teig 1 Messerspitze in Wasser gelösten Safran zusetzen. So wird das Brot gelb wie Mais-Reis-Brot.

Brot mit Schrot

Wir haben erlebt, daß das Ergebnis beim Bakken von Broten aus Schrot und Korn fast noch mehr befriedigt als ein gut aufgegangenes Weißbrot. Vielleicht liegt es daran, daß die Schrot- und Kornbäckerei in kleinem Kreis bereits wieder betrieben wurde, lange bevor das umgreifende Interesse am Selber-Brot-Backen erwachte? Meist bekamen wir aber schreckliche Brote angeboten. Neben mangelnder Unterrichtung über das Brotbakken, stürzten sich die begeisterten Naturfreunde gleichzeitig auch noch auf den ihnen völlig ungewohnten Umgang mit Holz-Kohle-Herden und nagten dann tiefzufrieden hartes, flaches Zeug – das muß man ja auch, wenn man so viel Liebe und Zeit in so ein Produkt gesteckt hat. Nachdem wir ständig mehr als genug kochen und backen müssen, haben wir uns lange nicht mit dieser Art Brot befaßt. Doch nun haben wir durch intensive Beschäftigung damit festgestellt, daß man herrliche Brote selbst herstellen kann.

Obwohl wir auf dem Lande leben, kaufen wir Schrot und Korn nicht mehr direkt in einer Mühle, denn die letzte, die uns wirklich gut gereinigtes Getreide lieferte, hat ihren Betrieb eingestellt. So beziehen wir nun alles aus einem Alternativladen und einige Kornmischungen aus dem Reformhaus (siehe auch Seite 15). Beide garantieren sowohl für die Frische wie für die Qualität der Getreide. Außerdem haben wir uns angewöhnt, das Korn immer frisch selbst zu mahlen.

Wir haben unsere Brote aber auch jeweils aus abgepackt gekauftem Schrot zubereitet und dabei keine schlechten Erfahrungen gemacht. Denn nicht jeder wird sich gleich für die ersten Backversuche eine Schrotmühle kaufen wollen. Sie können also unser Vierkornbrot (Seite 59), das im Rezeptablauf ganz auf selbstgemahlenem Korn beruht, durchaus mit bereits geschrotetem Getreide machen.

Vorweg noch eines: Teige mit großem Schrotanteil bleiben fast immer weich und müssen dies auch, damit das Schrot oder die Körner beim Backen noch quellen können, und dafür brauchen sie Flüssigkeit. Daher wird vieles in Formen gebacken. Sind die Brote beim Herausnehmen aus der Form etwas feucht – das Brot kann in der Form schwitzen – so macht ein Nachbacken von etwa 5 Minuten ohne Form auf dem Ofenrost die Kruste rundum ganz vorzüglich.

Werden Vollkornbrote sofort frisch geschnitten, so ist es gut, die Scheibe der Brotmaschine oder die Messerklinge ganz dünn mit Butter zu bestreichen: man erspart sich eine unnötige Krümelei.

Wenn Sie sich eine Getreidemühle anschaffen wollen, lassen Sie sich im Fachhandel über die verschiedenen Modelle informieren.

Weizenschrotlaiberl

Zutaten für 15 Laiberl:
300 g Weizenmehl Type 405 bis 1050 · 200 g
Weizenvollkornschrot Type 1700 grob ·
1 Päckchen Vitam Sauerteig Extrakt · 1 Päck-
chen Trockenhefe · 2 gestrichene Teel. Salz ·

½ Teel. gemahlener Kümmel oder Anis ·
¼ l Wasser · etwas gezuckerte Kondensmilch
zum Bestreichen
Pro Stück etwa 500 Joule/120 Kalorien

- Zubereitungszeit: 90 Minuten
- Backzeit: 30 Minuten

So wird's gemacht: Das Mehl und den Schrot
mit dem Sauerteig Extrakt und der Trockenhefe gut vermischen, dann erst das Salz und
das Gewürz daruntergeben. Das Wasser angießen und alles zu einem Teigballen verarbeiten. Auf bemehlter Arbeitsplatte kräftig
kneten. Dann den nicht zu festen Teig 45 Minuten zugedeckt an warmem Ort gehen lassen. • Den Teig zusammenschlagen, durchkneten und 15 Laiberl (= kleine Brote, Brötchen) daraus formen. Die Laiberl auf ein bemehltes oder gefettetes Backblech setzen,
dünn mit Mehl bestäuben, mit Küchentuch
abdecken und nochmals 20 Minuten gehen
lassen. • In jedes Laiberl mit scharfem Messer in der Mitte ein kleines Kreuz einritzen.
Den Backofen auf 200° C (Gas Stufe 4) vorheizen. Das Backblech auf der Mittelschiene
einschieben und die Brötchen 30 Minuten
backen lassen. • Ein Laiberl herausnehmen,
mit dem Knöchel auf die Unterseite klopfen.
Klingt dieses Klopfen hohl, sind die Laiberl
gar. Mit gezuckerter Kondensmilch bestreichen und im abgeschalteten Ofen trocknen
lassen.

So schmeckt's am besten: dick bestrichen mit
Kräuterquark oder mit Butter und Wurst.

Variante: Wenn Sie keine Zeit zum Laiberl-
formen haben, können Sie den Teig gehen
lassen, ein Brot formen, der Länge nach tief
einschneiden und 50 Minuten backen lassen.

Haferbrot im Kasten

Der Teig zu diesem Brot ist zunächst sehr
weich, zieht beim Gehen aber stark an.

Zutaten für 1 Brot (20 Scheiben):
150 g Weizenvollkornschrot Type 1700 fein ·
350 g feine Haferflocken · ½ Teel. Zimtpulver · 1 Messerspitze gemahlener Kardamom ·
1 Würfel Preßhefe · 1 Teel. Honig · 4 Eßl. lauwarmes Wasser · 1 gestrichener Teel. Salz ·
0,325 l Wasser · 50 g feine Haferflocken zum
Kneten
Pro Scheibe etwa 460 Joule/110 Kalorien

- Zubereitungszeit: 2 Stunden
- Backzeit: 1 Stunde

So wird's gemacht: Den Schrot, die Haferflocken, den Zimt und den Kardamom mischen. In die Mitte eine Mulde drücken. Die
Hefe und den Honig im lauwarmen Wasser
lösen, in die Mulde geben und mit etwas
Mehl vom Rand einen kleinen Vorteig anrühren. Zugedeckt 10 Minuten gehen lassen. •
Den Vorteig gut unter die Schrotmischung
rühren, dann das Salz darüberstreuen und
das Wasser angießen. Den Teig in der Schüssel abschlagen, bis er sich von den Rändern
löst. In ausgeölter Schüssel zugedeckt an warmem Ort gehen lassen, bis er sich verdoppelt
hat. • Den Schrotteig zusammenschlagen, auf
mit Haferflocken bestreuter Arbeitsplatte
durchkneten, formen und in eine ausgefettete
Kastenform geben. Nochmals 30 Minuten gehen lassen. • Den Backofen auf 225° C (Gas
Stufe 4–5) vorheizen, das Brot auf der Mittelschiene einschieben und 1 Stunde backen lassen. • Die Holzstäbchenprobe machen, das

Stäbchen muß trocken herauskommen, sonst 5–10 Minuten nachbacken.

So schmeckt's am besten: gebuttert und mit herzhafter Marmelade zum Nachmittagstee.

Variante: Den Teig aus 150 g Weizenvollkornschrot und 350 g Haferfeinschrot bereiten, mit gemahlenem Koriander statt mit Zimt und Kardamom würzen.

Unser Tip Lassen Sie diese Brote ohne Form noch 5 Minuten auf dem Rost nachbacken.

Haferflockenbrot auf schottische Art

Ein Brot für den Sonntagsbrunch, da man es morgens schnell backen kann; außerdem können Sie beliebig würzen mit Koriander, Kümmel oder Anis.

Zutaten für 1 Brot (8 Stücke):
100 g kernige Haferflocken · 0,2 l Sauermilch oder Dickmilch · 100–125 g Weizenmehl Type 1050 · 1 gehäufter Teel. Salz · 1 gehäufter Teel. Backpulver
Pro Stück etwa 460 Joule/110 Kalorien

- Zubereitungszeit: 15 Minuten
- Ruhezeit: mindestens 12 Stunden
- Backzeit: 30 Minuten

So wird's gemacht: Die Haferflocken mit der Sauermilch oder Dickmilch gut mischen und über Nacht quellen lassen. • Am anderen Tag das Mehl in eine Schüssel sieben, mit dem Salz und dem Backpulver mischen, dann die Haferflocken einrühren. Eventuell etwas Mehl nachgeben, bis ein fester Teig entsteht. • Den Teigkloß auf einem bemehlten Brett kurz durchkneten und zu einem Kreis mit 5 cm Dicke ausrollen. Backofen auf 180° C (Gas Stufe 3) einstellen. • Den geformten Teig auf ein mit Haferflocken bestreutes Backblech legen. Mit einem scharfen Messer wie bei einer Torte 8 Stücke leicht anschneiden. Das Brot auf der Mittelschiene im vorgeheizten Backofen 30 Minuten backen lassen, bis es lichtbraun ist. Mit Holzstäbchen prüfen, ob es ganz durchgebacken ist.

So schmeckt' am besten: mit Butter oder in Stücke gebrochen statt Kartoffeln zu Fleisch.

Variante: Grahambrot auf schottische Art
Alle Zutaten genauso verarbeiten, doch statt Haferflocken 100 g Grahammehl Type 1700 grob verwenden und am anderen Tag weitere 100 g Grahammehl einkneten.

Variante: Buttermilchbrot auf schottische Art
Bei allen Rezepten kann die Sauermilch gegen Buttermilch ausgetauscht werden.

Grahambrot

Zutaten für 2 Brote (24 Scheiben):
½ Würfel Preßhefe · 1 gestrichener Teel. Zukker · 0,35 l lauwarmes Wasser · 600–650 g Grahammehl Type 1700 grob oder 500 g selbstgemahlener Weizenschrot und 100 g Weizenmehl Type 405 · 1 gestrichener Teel. Salz ·

1 gestrichener Teel. brauner Zucker · 1 Eßl.
Butter oder Margarine · 1 Teel. flüssige Butter
oder Margarine und etwas gezuckerte Milch
zum Bestreichen
Pro Scheibe etwa 420 Joule/100 Kalorien

● Zubereitungszeit: 2 Stunden und 15 Minuten
● Backzeit: 30 Minuten

So wird's gemacht: Die Hefe mit 1 Teelöffel
Zucker in dem lauwarmen Wasser lösen.
10 Minuten zugedeckt stehenlassen, bis der
Hefeansatz leicht blasig ist. ● In einer großen
Schüssel das Grahammehl oder den Weizenschrot und das Mehl mit dem Salz und dem
braunen Zucker mischen. 1 Eßlöffel Butter
oder Margarine in Flocken untermengen.
Jetzt die Hefelösung dazugießen und alles zu
einem glatten Teig verarbeiten. ● Den Teigballen auf bemehltem Brett etwa 10 Minuten
kneten, bis er schön geschmeidig ist. Den
Teig in eine ausgefettete Schüssel geben und
die Oberfläche etwas einfetten. Den Hefeteig
zugedeckt an warmem Ort gut 1 Stunde gehen lassen, bis er sich verdoppelt hat. ● Den
Teig zusammenschlagen und in 2 Stücke teilen. 2 längliche Brote von etwa 15 cm daraus
formen und mit scharfem, nassem Messer
dreimal quer 1 cm tief einschneiden. Die Brote auf ein bemehltes Backblech legen und
leicht mit flüssigem Fett einpinseln. Nochmals gehen lassen, bis die Brotlaibe doppelte
Größe haben – etwa 40 Minuten. ● Den
Backofen auf 225° C (Gas Stufe 4–5) vorheizen. Die Brote auf der mittleren Schiene
30 Minuten backen lassen. ● Sofort heiß mit
gezuckerter Milch einpinseln. Das gibt den
Broten einen seidigen Glanz. Vom Backblech
nehmen und auskühlen lassen.

So schmeckt's am besten: dick mit leicht gesalzener Butter bestrichen.

Variante: Gewürztes Grahambrot
Alle Zutaten genauso verwenden, jedoch statt
600 g grobem Grahammehl nur 400 g grobes
Grahammehl und dazu 200 g Weizenmehl
Type 550 verarbeiten und den Teig mit 1 Teelöffel gemahlenem Kardamom und 1 Teelöffel gemahlenem Muskat würzen. Das zweite
Mal in einer gefetteten Kastenform (35 cm)
gehen lassen und darin bei 200° C (Gas Stufe 4) auf der untersten Schiene backen lassen.
Ergibt 28 Scheiben mit je 355 Joule/85 Kalorien.

Unser Tip Selbstgebackenes Grahambrot läßt sich, in Scheiben geschnitten, gut einfrieren.

Sirupbrot

Es hat nur eine Andeutung von süßlichem
Geschmack, da der Sauerteig gut im Kontrast
zum Rübensirup steht.

Zutaten für 1 Brot (18 Scheiben):
500 g Roggenvollkornschrot Type 1800 mittel ·
¾ Würfel Preßhefe · ¼ l lauwarmes Wasser ·
150 g Sauerteig (Rezept Kleiner Sauerteig Sei-
te 7) · 2 gestrichene Teel. Salz · 4 Eßl. Zucker-
rübensirup · 50–100 g Mehl zum Kneten ·
grobe Vollkornhaferflocken zum Streuen ·
½ Teel. Zuckerrübensirup und 1 Eßl. Wasser
zum Bestreichen
Pro Scheibe etwa 565 Joule/135 Kalorien

- Zubereitungszeit: 2 Stunden und 30 Minuten
- Backzeit: 60–70 Minuten

So wird's gemacht: Das Vollkornschrot in eine Schüssel geben und eine Mulde hineindrücken. Die zerbröckelte Hefe in etwa 6 Eßlöffel von dem lauwarmen Wasser lösen, in die Mulde gießen und mit etwas Schrot zum Vorteig anrühren. Zugedeckt 5–10 Minuten gehen lassen. • Schrot und Vorteig mischen, dann den Sauerteig daruntergeben. Das restliche, noch gut lauwarme Wasser, das Salz und den Sirup angießen. Gut mischen und abschlagen, dann mit stark bemehlter Hand in der Schüssel zu kneten beginnen. Den zunächst ziemlich klebrigen Teigkloß auf der immer wieder neu bemehlten Arbeitsplatte kräftig durchkneten. In einer ausgemehlten Schüssel zugedeckt an warmem Ort knapp 1 Stunde gehen lassen. • Den Teig wieder zusammenschlagen, einen festen, runden Laib formen. Das Backblech mit Backpapier belegen und mit groben Vollkornhaferflocken bestreuen. Den Teiglaib daraufsetzen. In die Mitte des Teiges einen Plätzchenausstecher etwa 2 cm tief einstechen und wieder herausnehmen. Das Brot zugedeckt nochmals 30 Minuten gehen lassen. • Den Backofen auf 200° C (Gas Stufe 4) vorheizen. Das Backblech auf der mittleren Schiene einschieben. Das Sirupbrot 50–60 Minuten backen lassen. • Die Holzstäbchenprobe machen. Wenn das Stäbchen trocken herauskommt, das Brot mit Siruplösung (½ Teelöffel Sirup, 1 Eßlöffel Wasser) bestreichen und weitere 5 Minuten im Backofen abtrocknen lassen.

So schmeckt's am besten: morgens gebuttert mit Orangen- oder Sauerkirschmarmelade, abends mit Weichkäse.

Sesamknäcke

Zutaten für 24 Stücke:
450 g Weizenvollkornmehl Type 1700 ·
50 g Roggenschrot Type 1800 · 1 gestrichener Teel. Salz · ½ Teel. gemahlener Koriander ·
0,3–0,325 l Wasser · 30 g geschälter Sesam ·
1–2 Eßl. flüssige Margarine · 50 g ungeschälter Sesam
Pro Stück etwa 500 Joule/120 Kalorien

- Zubereitungszeit: 1 Stunde
- Backzeit: 25 Minuten

So wird's gemacht: Das Vollkornmehl und den Roggenschrot mit dem Salz und dem Koriander mischen. Zunächst ⅔ vom Wasser einrühren, dann das restliche Wasser nach und nach zufügen, bis ein fester Teig entsteht. • Die Arbeitsplatte mit dem geschälten Sesam bestreuen und den Teig darauf so lange kneten, bis der Sesam aufgenommen und der Teig mittelfest und geschmeidig ist. Den Teigballen 30 Minuten ruhen lassen. • Den Backofen auf 250° C (Gas Stufe 5–6) vorheizen. • Den Teig rechteckig ausrollen, auf ein bemehltes Backblech legen und weiter ausrollen bis das Blech damit ausgelegt ist. Die Teigplatte mit scharfem, nassem Messer in 24 Rechtecke (etwa 5 × 11 cm) schneiden, dann viele kleine Vertiefungen in den Teig drücken. Alles dünn mit der Margarine bestreichen und mit dem ungeschälten Sesam bestreuen. • Sofort auf der Mittelschiene etwa 25 Minuten backen. Aneinandergebackene Stücke noch warm auseinanderbrechen.

So schmeckt's am besten: ohne alles oder mit Butter und Honig oder Marmelade.

Knäckebrot nach Hausmacherart

Bild Seite 37

Man muß Geduld haben, sowohl beim Formen wie beim Backen. Bis alle Fladen gebakken sind, heißt es 1 Stunde beim Ofen stehen. Wer viel Zeit hat, kann die Knäckebrote halb so groß machen.

Zutaten für 40 Fladen:
500 g Weizenmehl Type 1050 · 1 gestrichener Eßl. Salz · 300 g Grahammehl Type 1700 grob · 30 g Butter oder Margarine · 0,3–0,5 l Wasser
Pro Stück etwa 335 Joule/80 Kalorien

● Zubereitungszeit: 2 Stunden und 30 Minuten
● Backzeit: 4mal 15 Minuten

So wird's gemacht: Das Weizenmehl in eine Schüssel sieben, das Salz und das Grahammehl untermischen, die kalte Butter oder Margarine in Flocken daraufsetzen und mit dem Mehl verreiben. • Das Wasser zum Kochen bringen, nach und nach nur so viel Wasser angießen und gründlich vermengen, daß ein fester Teig entsteht. Den Teigballen in der Schüssel im Kühlschrank auskühlen lassen. • Dann den Teig auf mit Grahammehl bestreutem Brett kräftig kneten. In 40 Stückchen teilen, jedes Stück zu einer dünnen Platte von 8–10 cm Durchmesser ausrollen. • Den Backofen auf 170° C (Gas Stufe 3) vorheizen. Die Fladen auf ein Backblech legen, auf der Mittelschiene in den vorgeheizten Ofen geben und backen lassen, bis sie weiß und hart sind,

nach etwa 15 Minuten. Sie sollen nicht braun werden.

So schmeckt's am besten: Knabbern – oder eine zerbrochene Scheibe noch kleiner splittern und auf eine normale Marmelade- oder Quarkschnitte streuen.

Variante: Käseknäcke
Alle Zutaten genauso verarbeiten. Unter den abgekühlten Teig 4 Eßlöffel geriebenen Parmesan- oder Cheddarkäse kneten.

Saures Fladenbrot

Für Leutchen, die ein kräftiges Saueraroma lieben. Eine Triebwirkung durch den Sauerteig Extrakt konnten wir nicht feststellen, sie beruht hier nur auf der Hefe.

Zutaten für 1 Brot (30 Scheiben):
400 g Weizenvollkornmehl Type 1700 mit der grobflockigen Kleie · 100 g Weizenvollkornschrot · 1 Päckchen Vitam Sauerteig Extrakt · 1 Päckchen Trockenhefe · 1 gestrichener Teel. Salz · 0,325 l Wasser · etwa 50 g Weizenmehl Type 405 zum Kneten · etwas gezuckerte Kondensmilch zum Bestreichen
Pro Scheibe etwa 270 Joule/65 Kalorien

● Zubereitungszeit: 80 Minuten
● Backzeit: 1 Stunde

So wird's gemacht: Das Mehl mit dem Schrot, dem Sauerteigpulver, der Trockenhefe und dem Salz mischen. ⅔ vom Wasser angießen und untermischen, restliches Wasser nach und nach dazuschlagen, bis sich ein Teigkloß bildet. • Den Teig auf einer bemehl ten Arbeitsplatte kräftig kneten, dazu Hände und Platte immer wieder gut bemehlen, da der Teig zunächst ziemlich klebrig ist. Den Teig in einer ausgefetteten Schüssel zugedeckt an warmem Ort etwa 60 Minuten gehen lassen. • Den Teig nochmals durchkneten und einen länglichen Laib von 25 cm Länge daraus formen. Den Backofen auf 50° C (Gas niedrigste Stufe) einstellen, das Brot auf der Mittelschiene einschieben. • Nach 15–20 Minuten den inzwischen nochmals gegangenen Laib der Länge nach mit scharfem Messer etwa 2 cm tief einschneiden. Den Backofen auf 200° C (Gas Stufe 4) schalten und das Brot 60 Minuten backen lassen. Heiß mit gezuckerter Kondensmilch bestreichen.

So schmeckt's am besten: dick mit Butter bestrichen und mit Salz bestreut.

> **Unser Tip** Das Brot, damit es nicht zu flach wird, in einer Grillform (32 cm) backen, dann kann sich der Laib zwar nach oben, aber nur wenig in der Länge dehnen.

Tiroler Vorschlagbrote

Zutaten für 10 Fladen (100 Streifen):
300 g Weizenvollkornschrot Type 1700 grob ·
700 g Roggenmehl Type 997 · 4 gestrichene
Teel. Salz · 1 Würfel Preßhefe · ⅜–½ l Wasser · 1 Päckchen Anis (8 g) · 1 Teel. Kümmel
Pro Streifen etwa 165 Joule/40 Kalorien

● Zubereitungszeit: 1 Stunde und 45 Minuten
● Backzeit: 2 × 30 Minuten

So wird's gemacht: Den Schrot und das Mehl mit dem Salz in eine große Schüssel sieben, in die Mitte eine Mulde drücken, die Hefe hineinbröseln und mit ⅛ l lauwarmem Wasser und etwas Mehl vom Muldenrand anrühren. 15 Minuten gehen lassen. • Den Hefevorteig untermischen, die Gewürze und das restliche Wasser untermengen und mit dem Kneten beginnen. Auf bemehltem Brett gut durchkneten – etwa 10 Minuten. Den Teigkloß in einer ausgemehlten Schüssel zugedeckt an warmem Ort 40 Minuten gehen lassen, bis sich der Teig verdoppelt hat. • Den Backofen auf 200° C (Gas Stufe 4) vorheizen. Den Teig zusammenschlagen, durchkneten und in 10 Stücke teilen. Jedes Stück zu einem Kreis von 15 cm Durchmesser ausrollen. Auf ein bemehltes Backblech legen und leicht mit Mehl überpudern. Mehrmals mit einer Gabel einstechen. Das Backblech auf der Mittelschiene einschieben und die Brote 30 Minuten backen lassen.

So schmeckt's am besten: etwas altbacken, ohne Butter oder Belag.

> **Unser Tip** Die Hälfte der Fladen in Alufolie verpackt aufbewahren. 4 Stunden vor Gebrauch aus der Folie nehmen, damit sie zum Essen schön fest und trocken sind.

Das Vierkornbrot – in der Deckelform gebacken – ▷
braucht viel Zeit. Doch der Aufwand lohnt sich,
denn es schmeckt vorzüglich. Rezept Seite 59.

Unser erstes Schrotbrot

Als Selberbacken und Schrotbrote noch gar
nicht »in« waren, habe ich, Ulrich Klever,
dieses Rezept mit großem Erfolg im Fernsehen vorgestellt.

Zutaten für 1 Brot (20 Scheiben):
500 g Weizenmehl Type 1050 · 150 g Bulgur
(Weizengrütze) · 2½ Päckchen Trockenhefe ·
¼ l Milch · 2 gestrichene Teel. Salz · 1 gestri-
chener Teel. gemahlener Kümmel · 1 gestri-
chener Teel. Zucker
Pro Scheibe etwa 545 Joule/130 Kalorien

● Zubereitungszeit: 1 Stunde und 40 Minuten
● Backzeit: 50 Minuten

So wird's gemacht: Das Mehl in eine Schüssel sieben, mit dem Bulgur und der Trockenhefe mischen. Die Milch etwas erwärmen
und lauwarm zugießen, dabei schon mit dem
Kneten beginnen. Das Salz, den Kümmel
und den Zucker darunterarbeiten. Den Teig
10 Minuten kräftig kneten. In einer ausgemehlten Schüssel zugedeckt 30 Minuten an
einem warmen Ort gehen lassen. • Den Teig-
ball nochmals durchkneten und zu einem
länglichen Brot formen. Ein Stück Alufolie
etwas größer als den Brotlaib zurechtschneiden, einfetten, auf ein Backblech legen und
das Brot daraufgeben. Nochmals warm gestellt 15 Minuten gehen lassen. • Den Backofen auf 200° C (Gas Stufe 4) vorheizen. Das
Brot auf der mittleren Schiene einschieben.
1 Tasse heißes Wasser zum Brot auf das
Backblech gießen. Das Brot 50 Minuten bakken lassen.

So schmeckt's am besten: Dieses kräftige
feste Brot rundet mit Butter einen Salat zum
Abendessen ab.

Unser Tip Bulgur ist gekochtes,
wieder getrocknetes und dann geschrotetes Weizenkorn, das sich besonders gut zu Schrotbroten eignet.
Es ist in Läden vorrätig, die Gast-
arbeiter zur Kundschaft zählen.

Sojabrot

Zutaten für 1 Brot (36 Scheiben):
100 g Weizenkörner · 500 g Weizenmehl Type
1050 · 200 g Sojaschrot · 1 Würfel Preßhefe ·
1 gestrichener Teel. Salz · knapp ⅜ l lauwar-
mes Wasser · 1 Packung Hensel Natur-Sauer-
teig · 2 gestrichene Teel. Salz
Pro Scheibe etwa 440 Joule/105 Kalorien

● Quellzeit: 24 Stunden
● Zubereitungszeit: 1 Stunde und 45 Minu-
ten
● Backzeit: 1 Stunde

So wird's gemacht: Die Weizenkörner
24 Stunden in Wasser vorquellen lassen. •
Das Mehl und den Sojaschrot mischen, eine
Mulde in die Mitte drücken, die Hefe hinein-
bröckeln, den Zucker und 3 Eßlöffel lauwarmes Wasser zufügen. Mit etwas Mehl vom
Muldenrand einen dicklichen Brei anrühren
und etwa 10 Minuten gehen lassen. • Das

◁ Für die originellen französischen Brioches geben wir Ihnen ein besonders feines und ein schnelles Rezept. Das Formen ist, wie Sie sehen, ganz einfach. Rezepte Seite 61, 62.

restliche lauwarme Wasser und den Sauerteig zufügen, unterrühren. Salzen und die abgegossenen Weizenkörner zugeben. Den Teig gut abschlagen, etwas anziehen lassen, dann auf bemehlter Platte kräftig durchkneten. Den Teigballen mit einem Tuch abdecken und 30 Minuten gehen lassen. • Nochmals durchkneten, einen länglichen Laib formen und auf das bemehlte Backblech legen. Zudecken und weitere 30 Minuten gehen lassen. • Den Backofen auf 200° C (Gas Stufe 4) vorheizen. Den Teiglaib mit scharfem Messer leicht einritzen (1mal längs, 3mal kurz quer) und mit lauwarmem Wasser bestreichen. Auf der Mittelschiene einschieben. 1 Tasse kochendes Wasser mit in das Backrohr stellen. Das Brot 1 Stunde backen lassen.

So schmeckt's am besten: mit Quark und Honig, mit Butter und Landleberwurst.

Unser Tip Natur-Sauerteig in der Folie immer in handwarmem Wasser vorwärmen, so geht beim Herausstreifen nichts verloren.

Kürbiskernbrot

Man macht eine neue Erfahrung beim Kneten, wenn immer wieder die Kürbiskerne die Teighaut durchstechen.

Zutaten für 1 Brot (40 Scheiben):
2 Würfel Preßhefe · ⅛ l lauwarmes Wasser · 1 l warmes Wasser · 100 g Quark (20%) · 4 gestrichene Teel. Salz · 2 gestrichene Teel. ge-
mahlener Koriander · 750 g Roggenmehl Type 1370 · 250 g Roggenvollkornschrot Type 1800 grob · 4 Eßl. geschälte Kürbiskerne
Pro Scheibe etwa 420 Joule/100 Kalorien

● Zubereitungszeit: 3 Stunden und 30 Minuten
● Backzeit: 75 Minuten

So wird's gemacht: Die Hefe in einer großen Schüssel im lauwarmen Wasser klümpchenfrei rühren. Das warme Wasser zugeben und den Quark darin glattrühren. • Das Salz und den Koriander unter das Mehl mischen. Dann die Mehlmischung, den Schrot und die Kürbiskerne in die Hefe-Quark-Mischung geben und abschlagen, bis sich der Teigballen von der Schüssel löst. Auf bemehltem Arbeitsbrett kräftig durchkneten. Den Teig zugedeckt auf dicker Mehlschicht etwa 90 Minuten an warmem Ort gehen lassen. Den Teig nochmals durchkneten und einen runden Laib daraus formen. Auf ein mit Backpapier ausgelegtes Backblech setzen, zudecken und nochmals 1 Stunde gehen lassen. • Den Backofen auf 200° C (Gas Stufe 4) vorheizen. Den Teiglaib einige Male mit einer Gabel einstechen. Außerdem mit nassem Löffelstiel den Laib rundum etwa 8mal vorsichtig einkerben, das heißt tief eindrücken, nicht schneiden; die Teighaut darf nicht verletzt werden. • Das Backblech auf der Mittelschiene einschieben, eine Tasse Wasser auf den Ofenboden gießen, die Türe sofort schließen. Nach 30 Minuten Backzeit 1 Tasse oder Schale kochendes Wasser auf den Herdboden stellen. Nach weiteren 30 Minuten die Temperatur auf 250° C (Gas Stufe 5–6) erhöhen und das Brot noch 15 Minuten backen lassen. In dieser Zeit 2–3mal etwas Wasser auf das Blech, nicht auf das Brot spritzen.

So schmeckt's am besten: mit allen Arten von rohem Schinken belegt.

Variante: Sonnenblumenbrot

Den Teig genauso zubereiten, doch statt der Kürbiskerne 4 Eßlöffel Sonnenblumenkerne einkneten.

Unser Tip Wer zwei Brote bakken möchte, aber nur eines im Ofen unterbringen kann, läßt zunächst nur ein geformtes Brot gehen und stellt den anderen Teigteil solange ungeformt kühl.

Sechskorn-Sauerteigbrot

Mit dieser Kornmischung haben wir Versuche gemacht und gar köstliche Brote gebakken, für Brot mit Ganzkorn sogar mit kurzer Backzeit.

Zutaten für 1 Brot (35 Scheiben):
300 g Sechskorn-Getreidemischung Donath ·
¼ l Wasser · 200 g Roggenmehl Type 1370 ·
1 Würfel Preßhefe · 1 gestrichener Teel. Zukker · ⅛–¼ l heißes Wasser · 1 Packung Hensel Natur-Sauerteig oder 150 g Sauerteig auf Vorrat (Rezept Seite 7) · 2 gehäufte Teel. Salz
Pro Scheibe etwa 250 Joule/60 Kalorien

● Quellzeit: über Nacht
● Zubereitungszeit: 2 Stunden und 15 Minuten
● Backzeit: 75 Minuten

So wird's gemacht: 100 g Sechskorn Getreidemischung in ¼ l Wasser einweichen und über Nacht quellen lassen. • Die verbliebenen 200 g Sechskornmischung in der Getreidemühle mittelfein mahlen und mit dem Roggenmehl mischen. In die Mitte eine Mulde drücken. Die Hefe hineinbröseln, den Zucker zufügen. • Das geweichte Getreide abgießen. Das Abgießwasser mit heißem Wasser auf ⅜ l auffüllen. Etwas von diesem Wasser zur Hefe geben und beides zum Vorteig anrühren, 10 Minuten gehen lassen. • Den Vorteig unter das Mehl mischen. Den Sauerteig, das restliche Wasser und die abgegossenen ganzen Körner zugeben, salzen und den weichen Teig mit einem kräftigen Löffel abschlagen, bis er Blasen wirft. In einer zweiten, frisch ausgemehlten Schüssel 1 Stunde zugedeckt an warmem Ort gehen lassen. • Den Teig neuerlich abschlagen, dann wie einen schweren Rührkuchenteig in eine ausgefettete Kastenform (30 cm) füllen und glattstreichen. Abdecken und nochmals 30 Minuten gehen lassen. • Den Backofen auf 200° C (Gas Stufe 4) vorheizen. Das Brot auf der Mittelschiene einschieben. 1 Tasse Wasser auf den Herdboden gießen, die Tür sofort schließen. Nach 30 Minuten Backzeit eine flache Schale mit Wasser in den Backofen stellen. Das Brot insgesamt 1 Stunde und 15 Minuten backen lassen. Wenn es oben zu schnell bräunt, zeitweilig mit Alufolie abdecken.

So schmeckt's am besten: ab dem 3. Tag dick mit Butter oder Quark bestrichen.

Variante: Sechskorn-Hefebrot

Gleich zu Beginn 2 Würfel Preßhefe ansetzen und dafür dann keinen Sauerteig nehmen. Außerdem zur geschroteten Sechskorn-Getreidemischung statt Roggenmehl 200 g

Weizenvollkornmehl Type 1700 mit grobflokkiger Kleie geben. Im Gegensatz zum Sechskorn-Sauerteig-Brot läßt sich dieser Teig auf immer wieder stark bemehlter Platte kneten und muß nicht nur abgeschlagen werden. Auch dieses Vollkornbrot wird in der Kastenform gebacken.

> **Unser Tip** Das fertige Brot aus der Form nehmen, noch 5–10 Minuten auf den Rost legen und nachtrocknen lassen. Schwere Teige schwitzen beim Backen in der Form gerne etwas.

Vierkornbrot

Bild Seite 55

Bitte, schauen Sie noch einmal hin! Dieses Brot braucht viel Zeit, denn es muß allein 5 Stunden backen. Es schmeckt aber so köstlich, daß Sie es unbedingt probieren sollten. Wie bei allen Broten aus Schrot ist das Kneten schwierig, da der Teig weich bleiben muß.

Zutaten für 1 Brot (25–50 Scheiben):
300 g Roggen · 300 g Weizen · 10 g Sekowa Grundansatz und 5 g Spezial-Backferment (Seite 7) · knapp 0,8 l Wasser · 100 g Sojavollkorn · 100 g Nacktgerste · 100 g Nackthafer · 100 g Leinsamen · 3 gestrichene Teel. Salz oder Meersalz · Vollkornmehl zum Kneten
Pro Scheibe etwa 630 bzw. 315 Joule/ 150 bzw. 75 Kalorien

● Zubereitungszeit: 2 Stunden
● Backzeit: 5 Stunden

So wird's gemacht: Für den Vorteig, der mindestens 12 Stunden gehen muß, den Roggen und 100 g Weizen fein schroten. Den Grundansatz und das Backferment in 5 Eßlöffeln Wasser klümpchenfrei verrühren, weitere 0,4 l vom Wasser zugeben, dann den Roggen- und Weizenschrot einrühren. Mit Küchentuch abdecken und darüber eine fest anliegende Folie geben. An warmem Ort stehen lassen. ● Am nächsten Tag zunächst das Sojavollkorn grob und die Gerste fein schroten. 0,3 l Wasser auf 50° C erhitzen (man darf gerade nicht mehr hineinlangen können), über die Schrotmischung gießen und 1 Stunde quellen lassen. ● Nun den restlichen Weizen und den Hafer fein schroten. Zum Vorteig geben, dann den Leinsamen, die vorgequollene Schrotmischung und das Salz zufügen. Alles gut mischen und durchkneten. Dazu die Arbeitsplatte stark bemehlen, denn der Teig ist sehr, sehr weich und muß dies auch bleiben. Oder nur in der Schüssel kräftig mit einer Hand immer wieder verkneten. ● Den Backofen auf 180° C (Gas Stufe 3) vorheizen. Den Brotteig in eine ausgefettete, runde oder ovale Deckelform (Jenaer Glas, gewässerter, mit gefetteter Alufolie ausgelegter Römertopf oder sonstige feuerfeste Form) geben, mit nasser Hand glattstreichen. Zudecken und ohne weiteres Gehenlassen auf der untersten Schiene in den Ofen geben. ● Nach 2 Stunden Backzeit die Form auf die Mittelschiene stellen. ● Nach 5 Stunden das Brot aus der Form nehmen. Klingt es beim Klopfen auf die Unterseite noch nicht hohl, dann das Vierkornbrot noch 10–20 Minuten auf dem Rost ohne Form nachbacken lassen.

So schmeckt's am besten: nach 3 Tagen, dünn geschnitten, mit gesalzener Butter und Schinken, oder mit Butter und Marmelade.

Brötchen, Bagels und Brioches

Gerade Brötchen selber backen will gelernt sein, denn zu der Arbeit und Konzentration, die die richtige Behandlung des Teiges erfordert, kommt hier noch die Fertigkeit des Formens, Rollens und Flechtens dazu.

Die Weißbrotringe der amerikanischen Juden, die Bagels, müssen vor dem Backen noch gekocht werden. Langwierig ist das Pariser Originalrezept für Brioches, doch der Erfolg lohnt den Aufwand. Das einfachere, neuzeitlichere Rezept ergibt die Brioches, die man heutzutage in Frankreich bekommt, gut, aber nicht »so gut« wie unsere komplizierten. Deftig und kräftig sind die Sauerteig-, die Roggen-, die Western- und die Pionierbrötchen. Sie schmecken mit würzigen Würsten, mit kräftig-scharfem Käse wie mit hausgemachtem Johannisbeergelee gleich gut.

Rahmstriezel mit Mohn

Zutaten für 10 Striezel:
1 Würfel Preßhefe · ¼ l lauwarmer Rahm (Sahne) · 500 g Weizenmehl Type 405 · 1 gestrichener Teel. Salz · 40 g Butter · 1 Eigelb · 1 Eßl. Milch · 1 Eßl. Mohn
Pro Stück etwa 1255 Joule/300 Kalorien

- ● Zubereitungszeit: 90 Minuten
- ● Backzeit: 30 Minuten

So wird's gemacht: Die Hefe in der Hälfte der Sahne auflösen und zugedeckt 10 Minuten stehenlassen. • Das Mehl und das Salz in eine Schüssel sieben, die kalte Butter in Flocken daraufsetzen und mit dem Mehl verreiben. Die gegangene Hefe und die restliche Sahne

angießen, gut mischen. • Den Teigkloß auf bemehltem Brett kneten, bis er glatt und glänzend ist. In eine ausgemehlte Schüssel legen und zugedeckt an warmem Ort etwa 30 Minuten gehen lassen, bis sich der Teig verdoppelt hat. • Den Teig zusammenschlagen, durchkneten und in 10 Stücke teilen. Jedes Stück zu einem 35 cm langen Strang ausrollen und einen Striezel daraus flechten: Die Rolle zu einer Neun legen, das eine Ende fest unter den

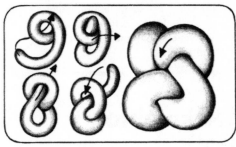

Einen Striezel zu formen, ist einfacher als Sie vielleicht denken, wenn Sie sich genau nach der Zeichnung richten.

Teig drücken. Das andere Ende von unten durch den Kreis bis nach oben ziehen. Den Kreis einmal umschlagen, so daß eine 8 entsteht, deren oberer Ring durch das überhängende Endstück ausgefüllt ist. Das lose Endstück von unten durch den Ring ziehen, über den Ring laufen lassen, dann auf der Unterseite festdrücken. • Die Striezel auf ein gefettetes Backblech legen und zugedeckt an warmem Ort 10 Minuten gehen lassen. • Den Backofen auf 200° C (Gas Stufe 4) vorheizen. Das Eigelb mit der Milch verquirlen, die leicht gegangenen Striezel damit bestreichen und mit Mohn dick bestreuen. Die Rahmstriezel auf der Mittelschiene etwa 30 Minuten backen lassen.

So schmeckt's am besten: mit leicht gesalzener Butter oder nur mit Marmelade.

Variante: Reiche Rahmstriezel
Alle Zutaten genauso verarbeiten, aber nur 0,1 l Rahm (Sahne) verwenden, dafür 1 Ei und 1 Eigelb zum Teig geben.

Variante: Rahmstriezel mit Kümmel oder Sesam
Die Striezel statt mit Mohn mit Kümmel oder Sesamsamen bestreuen.

Unser Tip Sie können die fertigen Striezel einfrieren, aber nur bis zum nächsten Sonntag.

Feine Brioches

Es lohnt sich, machen Sie sich einmal die Mühe mit diesem etwas zeitaufwendigen, aber feinen Rezept. Wenn Sie keine Spezialform für Brioches haben, geht es auch in einzelnen Backförmchen.

Zutaten für 18 Brioches:
2 Päckchen Trockenhefe · 4 Eßl. lauwarmes Wasser · 8 Eßl. Milch · 1 gestrichener Eßl. Zucker · 450–500 g Weizenmehl Type 550 · 2 gestrichene Teel. Salz · 200 g Butter · 5 Eier · 1 Eigelb · 1 Eßl. Milch
Pro Stück etwa 940 Joule/225 Kalorien

- Zubereitungszeit: 5 Stunden
- Ruhezeit: mindestens 12 Stunden
- Backzeit: 35–40 Minuten

So wird's gemacht: In großer Schüssel die Hefe im lauwarmen Wasser auflösen. 10 Minuten stehenlassen. • Die Milch und den Zucker zur Hefe rühren und 200 g Mehl darunterschlagen. Die sehr weiche Butter, dann das Salz und das restliche Mehl, zuletzt die Eier einzeln unter den Teig schlagen. Den klebrigen Teig mit der Hand weiterschlagen. Dazu die Schüssel festhalten, mit der anderen Hand in den Teig greifen, hoch hinausziehen und kräftig zurückschleudern, etwa 20 Minuten, bis kein Teig mehr an den Fingern kleben bleibt. • Den Teig in ausgefetteter Schüssel zugedeckt an warmem Ort 2–4 Stunden gehen lassen, bis sich der Teig verdoppelt hat. • Den Teigballen zusammenschlagen, in die Schüssel geben und mindestens 12 Stunden (über Nacht) im Kühlschrank zugedeckt stehenlassen. • Den Teig auf leicht bemehltem Brett kurz durchkneten, halbieren. Die eine Hälfte in den Kühlschrank legen, die andere Hälfte in 9 Stücke teilen. Von jedem Teil ein walnußgroßes Stückchen abschneiden. Jeweils aus dem größeren Teigteil einen Ball formen und in ein ausgefettetes Förmchen setzen. Mit scharfem Messer ein Kreuz einschneiden und mit bemehlter Messerspitze die Einschnitte etwas auseinanderdrücken. Den nußgroßen Teigteil als Kugel auf das Einschnittkreuz drücken. Auch den Teig aus dem Kühlschrank so verarbeiten. Nochmals 30 Minuten gehen lassen. • Den Backofen auf 220° C (Gas Stufe 4–5) vorheizen. Das Eigelb mit der Milch verquirlen, die Brioches damit bestreichen. Auf der mittleren Schiene 35–40 Minuten backen lassen.

So schmeckt's am besten: Ofenfrisch das Krönchen abbrechen und ein Stückchen gesalzene Butter daraufsetzen.

Schnelle Brioches

Bild Seite 56

Zutaten für 24 Brioches:
500 g Weizenmehl Type 405 · 1 Würfel Preß-
hefe · 1 gestrichener Eßl. Zucker · ¼ l lauwar-
me Milch · 120 g Butter · 2 Eier · ½ Teel.
Salz · 1 Eigelb
Pro Stück etwa 565 Joule/135 Kalorien

- Zubereitungszeit: 1 Stunde
- Backzeit: 15 Minuten

So wird's gemacht: Das Mehl in eine Schüssel sieben und eine Mulde in die Mitte drücken. Die Hefe in die Mulde bröseln, den Zucker darüberstreuen. Langsam die Hälfte der lauwarmen Milch angießen und dabei die Hefe, den Zucker und etwas Mehl vom Muldenrand mit einrühren. Die Schüssel mit einem Tuch bedecken und den Vorteig an warmem Ort 10 Minuten gehen lassen. • Die Butter langsam zerlassen und wieder abkühlen. Den Vorteig unter das Mehl mengen, die zerlassene Butter, die Eier und das Salz einarbeiten und den Teig glattschlagen. Die Schüssel mit einem Tuch abdecken und den Teig an warmem Ort etwa 15 Minuten gehen lassen. • 24 Backförmchen oder Ragout-fin-Förmchen ausbuttern. Das Eigelb und die Milch verquirlen. Den Teig zusammenschlagen, auf bemehltem Brett kurz durchkneten und einen langen Strang daraus rollen. • Den Backofen auf 50° C (Gas niedrigste Stufe) einstellen. Den Teigstrang in 24 Stückchen teilen, von jedem Stückchen ¼ abschneiden und große und kleine Kugeln daraus formen. In jedes Förmchen eine große Kugel setzen, mit Eigelb bestreichen und eine kleine Kugel in

die Mitte daraufdrücken. Nach Belieben auch die kleine Kugel noch mit Ei bestreichen. • Die Förmchen auf den Rost oder das Backblech stellen und auf der Mittelschiene in den Backofen schieben. Nach 10 Minuten, wenn der Teig sich verdoppelt hat, den Backofen auf 200° C (Gas Stufe 4) schalten und die Brioches 15 Minuten backen lassen.

So schmeckt's am besten: handwarm und natürlich zum Frühstück.

Variante: Den Teig spät abends nur mit 20 g Hefe zubereiten und im Kühlschrank stehenlassen. Zum Frühstück formen und backen. Dieser Teig braucht bei 50° C allerdings gut 20 Minuten, bis er sich verdoppelt hat.

Variante: Käsebrioches
Alle Zutaten genauso verwenden, doch unter den Teig 100 g kleinstgewürfelten Emmentaler Käse mengen. Die Backzeit um 5 Minuten verlängern.

Buttermilchbrötchen

Zutaten für 12 Brötchen:
1 Päckchen Trockenhefe · 2 Eßl. lauwarmes
Wasser · 200–250 g Weizenmehl Type 405 ·
1 gestrichener Teel. Salz · 1 gestrichener Teel.
Backpulver · 25 g Butter oder Margarine ·
⅛ l Buttermilch
Pro Stück etwa 420 Joule/100 Kalorien

- Zubereitungszeit: 35 Minuten
- Backzeit: 20 Minuten

So wird's gemacht: Die Hefe in dem lauwarmen Wasser auflösen und etwas anziehen lassen. • 200 g Mehl mit dem Salz und dem Backpulver in eine Schüssel sieben. Die Butter in Flocken dazugeben, die Buttermilch angießen, alles leicht verrühren, dann die aufgelöste Hefe daruntermischen. Den Teig schlagen, bis er sich von der Schüssel löst. • Den Teig auf bemehltem Brett kurz durchkneten, eventuell das ganze restliche Mehl einkneten. Den nicht zu festen Teig zu einem Strang rollen und in 12 Stücke schneiden. Aus jedem Stück ein glattes Bällchen formen und auf ein gefettetes Backblech setzen. Mit einem Küchentuch zugedeckt 15 Minuten an warmem Ort gehen lassen. • Den Backofen auf 200° C (Gas Stufe 4) vorheizen. Das Blech auf der untersten Schiene einschieben und die Brötchen 20 Minuten backen lassen.

So schmeckt's am besten: mit Butter zu Tee oder auch zu Kakao.

Variante: Die 12 Teigkugeln in einer 14 × 22 cm großen Aluform backen, wie Rohrnudeln auseinanderbrechen und heiß mit Vanillesauce essen.

Variante: Dunkle Buttermilchbrötchen
Alle Zutaten genauso verarbeiten, nur statt Weizenmehl Type 405 Roggenmehl Type 997 verwenden. Mit 1 Teelöffel Speisestärke, in ⅛ l Wasser aufgekocht, heiß bestreichen, das gibt Glanz.

Bagels

Bagels stammen aus der jüdischen Küche und werden besonders in New York gern gebacken. Man kocht sie zuvor, damit die Kruste fest wird, das Innere aber weich ist.

Zutaten für 30 Bagels:
⅜ l Kartoffelkochwasser, abgegossen von Salzkartoffeln · 3 Eßl. Honig · 3 Eßl. Sonnenblumenöl · 5 Eier · 800–900 g Weizenmehl Type 405 · 2 Päckchen Trockenhefe · 1 gestrichener Teel. Salz · 2 l Wasser · 2 gestrichene Eßl. brauner Zucker
Pro Stück etwa 585 Joule/140 Kalorien

- Zubereitungszeit: 3 Stunden
- Backzeit: 3mal 15 Minuten

So wird's gemacht: Im lauwarmen Kartoffelwasser den Honig und das Öl so lange rühren, bis sich der Honig gelöst hat. 4 Eier leicht verquirlen. • In eine große Schüssel 800 g Mehl, die Trockenhefe und das Salz geben, mischen, das Honigwasser einrühren. Die verquirlten Eier darunterschlagen, eventuell etwas Mehl nachgeben, bis sich der Teig von der Schüssel löst. • Den Teig 10 Minuten auf bemehltem Brett gut kneten. Einen Ball formen, in ausgeölter Schüssel mit einem Küchentuch bedeckt an warmem Ort 90 Minuten gehen lassen. Der Teig muß sich verdoppeln. • Den Backofen auf 225° C (Gas Stufe 4–5) vorheizen. • Das Wasser mit dem Zucker zum Kochen bringen. Den Teig zusammenschlagen und in 30 kleine Stücke schneiden. Jedes Stück zu einer Rolle, 15 cm lang, 1½ cm dick formen. Jede Rolle zum Ring legen, die Enden gut zusammendrücken. Immer einen Teigring sofort in das kochende Zuckerwasser geben. Wenn er hochkommt, wenden und noch 1 Minute kochen lassen. Mit Schaumlöffel herausnehmen. • Die Ringe auf ein gut geöltes Backblech setzen. 1 Ei leicht verquirlen. Die Bagels damit bestreichen, auf die Mittelschiene in den Ofen geben und 10–15 Minuten backen lassen, bis sie braun sind. • Sie bleiben 3–4 Tage frisch.

So schmeckt's am besten: mit leicht gesalzener Butter, mit Quark, mit Honig, zu Creme-Käse oder Räucherlachs.

Variante: Roggenbagels
Alle Zutaten genauso verarbeiten, doch 300 g Roggenmehl Type 997 oder 1370, 400 g Weizenmehl Type 405 und 100 g feines Roggenvollkornschrot nehmen. 1 weiteren Teelöffel Salz dazugeben.

Aufgeschnittene

Mit etwas Fingerfertigkeit ist die reine Arbeitszeit nicht lang, nur müssen diese Brötchen dreimal gehen.

Zutaten für 12 Brötchen:
1 Päckchen Trockenhefe · 350 g Weizenmehl
Type 550 · 150 g Roggenmehl Type 997 ·
1½ Teel. Salz · ½ Teel. Kümmel · ½ Teel. Anis
oder gemahlener Koriander · 0,3 l Wasser
Pro Stück etwa 420 Joule/100 Kalorien

- Zubereitungszeit: 2 Stunden
- Backzeit: 30–40 Minuten

So wird's gemacht: Die Trockenhefe und die beiden Mehlsorten, das Salz und die Gewürze mischen. Das Wasser unterarbeiten und mit dem Kneten beginnen. Den Teigballen auf bemehlter Arbeitsfläche kräftig etwa 10 Minuten kneten. Zugedeckt an warmem Ort 1 Stunde gehen lassen. • Den Teig durchkneten, dann zu einem Strang rollen und ziehen. In 12 Stücke schneiden. Jedes Stück zwischen den Händen zu einer glatten Kugel rollen. Die Kugeln mit Abstand auf ein bemehltes Backblech legen und zu länglicher Form drücken. Mit Küchentuch abgedeckt 15 Minuten gehen lassen. • Die Brötchen mit scharfem Messer der Länge nach tief einschneiden und auf beiden Schnittseiten die schon etwas feste Teighaut 3–4mal mit einer Schere nicht tief, aber lang einzwicken. Wieder zudecken und gehen lassen, bis die Aufgeschnittenen doppelt so groß sind. • Den Backofen auf 250° C (Gas Stufe 5–6) vorheizen. Die Brötchen auf der Mittelschiene einschieben. 1 Tasse Wasser auf den Ofenboden gießen, die Tür sofort schließen. Die Aufgeschnittenen 30–40 Minuten backen lassen. Kurz vor Ende der Backzeit mit Wasser bestreichen.

So schmeckt's am besten: zu deftigen Würsten oder Schinken, zu Bier.

Variante: Die Aufgeschnittenen durch Bestreuen mit weiterem Kümmel, Anis oder Sesam noch würziger machen.

Western-Sauerteigbrötchen
Bild Seite 10

Zutaten für 30 Brötchen:
250–300 g Weizenmehl Type 405 · 1 gestriche-
ner Eßl. Zucker · 2 gestrichene Teel. Backpul-
ver · ¾ Teel. Salz · 200 g Sauerteig auf Vorrat
(Rezept Seite 7) · 2–3 Eßl. Schweineschmalz
Pro Stück etwa 270 Joule/65 Kalorien

- Zubereitungszeit: 40 Minuten
- Backzeit: 30 Minuten

So wird's gemacht: 250 g Mehl, den Zucker, das Backpulver und das Salz in eine Schüssel geben, gut mischen, den Sauerteig darunterschlagen. Das weiche Schweineschmalz untermengen und den Teig schlagen, bis er sich von der Schüssel löst. Eventuell noch etwas Mehl zugeben. • Eine Springform von 24 cm Durchmesser mit Schweineschmalz ausfetten. Vom Teig walnußgroße Stückchen abstechen, in Mehl wälzen (sie lösen sich dann nach dem Backen besser voneinander) und dabei zu Kugeln formen. Im Kreis mit Abständen in die Springform setzen, bis der ganze Teig verbraucht und die Springform gefüllt ist. 10–20 Minuten an warmem Ort mit einem Küchentuch bedeckt gehen lassen. • Den Backofen auf 200° C (Gas Stufe 4) vorheizen. Die Springform auf die untere Schiene stellen und die Brötchen 30 Minuten backen lassen.

So schmeckt's am besten: köstlich zu Suppen, Eintöpfen oder lauwarm aus der Hand.

Variante: Setzen Sie diese Brötchen in eine Muffinsform oder jeweils 2 Stück in Ragoutförmchen.

Variante: Western-Zwiebelbrötchen
Alle Zutaten genauso verarbeiten. 1 mittelgroße Zwiebel feinhacken, blanchieren, gut abtropfen lassen und unter den Teig kneten.

Variante: Western-Butterbrötchen
Alle Zutaten genauso verarbeiten. Statt Schweineschmalz 2 Eßlöffel Butter verwenden.

Variante: Süße Western-Brötchen
Alle Zutaten genauso verarbeiten, aber wie bei den Western-Butterbrötchen das Schmalz durch Butter ersetzen und noch 50 g eingeweichte, abgetrocknete Rosinen zum Teig geben.

Variante: Deftige Western-Brötchen
Alle Zutaten genauso verarbeiten, doch zur Hälfte Roggenmehl Type 997 statt Weizenmehl Type 405 und 1 ganzes Päckchen Backpulver verwenden.

Pionier-Brötchen

Zutaten für 24 Brötchen:
2 Päckchen Trockenhefe · 200 g Weizenmehl Type 405 · 200 g Buchweizenmehl · 2 gestrichene Teel. Salz · 2 Eßl. Öl · ¼ l Buttermilch
Pro Stück etwa 315 Joule / 75 Kalorien

- Zubereitungszeit: 75 Minuten
- Backzeit: 20 Minuten

So wird's gemacht: Die Hefe, das Weizenmehl und das Buchweizenmehl mit dem Salz mischen. Das Öl und die Buttermilch einrühren, abschlagen. Den Teig etwa 5 Minuten anziehen lassen. • Weiterschlagen, bis der Teig sich von der Schüssel löst. Auf ein bemehltes Brett geben, einen Strang daraus rollen und in 24 Stücke schneiden. Aus jedem Stück ein längliches Brötchen formen, mit scharfem Messer der Länge nach einen flachen, 2 cm langen Einschnitt machen. • Ein Backblech einölen, die Brötchen daraufsetzen, mit einem Küchentuch abdecken und 30 Minuten an warmem Ort gehen lassen. • Den Backofen auf 200° C (Gas Stufe 4) vorheizen. Das Blech auf die unterste Schiene schieben und die Brötchen 20 Minuten backen lassen. Eventuell 5 Minuten Unterhitze nachgeben.

So schmeckt's am besten: zwei Tage alt mit Leberwurst, ohne Butter.

Roggenbrötchen

Zutaten für 25 Brötchen:
100 g Sauerteig auf Vorrat (Rezept Seite 7) ·
¼ Würfel Preßhefe · ⅜–½ l Wasser · 500 Rog-
genmehl Type 1370 · 2 gestrichene Teel. Salz ·
1 Eßl. Fenchel, Anis oder Kümmel zum Be-
streuen
Pro Stück etwa 335 Joule/80 Kalorien

● Zubereitungszeit: 4 Stunden und 30 Minuten
● Backzeit: 25 Minuten

<u>So wird's gemacht:</u> Den Sauerteig und die
zerbröckelte Hefe in ⅜ l lauwarmes Wasser
auflösen und sofort die Hälfte des Mehls dar-
unterrühren. Diesen Vorteig mit Küchentuch
und Folie abgedeckt mindestens 3–4 Stunden
an warmem Ort gehen lassen. • Das restliche
Mehl mit dem Salz mischen, unter den Vorteig rühren und abschlagen, bis der Teig Blasen wirft. • Den Backofen auf 225° C (Gas
Stufe 4–5) vorheizen. Aus dem Teig 25 Kugeln formen und mit Abstand auf ein bemehltes Backblech setzen. Vorsichtig mit Wasser
bestreichen und mit Mehl oder einem der Gewürze bestreuen. Mit scharfem Messer einmal von der Mitte aus einschneiden. Die
Brötchen auf der Mittelschiene 25 Minuten
backen lassen.

Unser Tip Muß auf 2 Backble-
chen hintereinander gebacken werden, so wird das zweite Blech kühl,
aber zugedeckt beiseite gestellt.

Brot aus fertigen Backmischungen

So, wie Sie Ihren Backpulvermix oder Hefeteig in der Gefriertruhe haben, um jederzeit ohne großen Arbeitsaufwand Brot oder Brötchen backen zu können, hat auch die Industrie vorgesorgt und backfertige Brotmischungen mit Hefe oder Backpulver herausgebracht. Die Hefebrote aus diesen Mischungen haben eine verhältnismäßig kurze Zubereitungszeit, da der Teig nur kurz gehen muß. Die fertigen Brotmischungen sind vor allem praktisch, wenn sich überraschend Gäste ansagen oder Sie schnell noch für oder am Sonntag backen wollen.

Bereits vor Jahren ist die Isernhäger Landkost mit den Zutaten für ein Natursauerteigbrot auf den Markt gekommen. Diesen »Brotsack« hat die Seitenbachmühle in 7035 Waldenbuch (Postfach 1268) für den Verbraucher übernommen und das Programm auch auf Schrotbrot mit Natursauerteig erweitert. Daneben kann dort alles für ein Hefe-Weizenbrot mit Weizenkeimen und Weizenkleie bezogen werden.

Wir stellen Ihnen hier gefüllte Brote aus Hefebrotteig, Brötchen und Brot nach irischen Backpulverrezepten sowie ein Katenbrot mit Hefe-Natursauerteig und einer würzigen Abwandlung vor.

Schinken in Brotteig

1 Packung Brotmischung, ¼ l lauwarmes Wasser, 800 g Delikateßschinken (Dose) oder 600 g gekochter Schinken im Stück, 1 Kuchentrick-Oblate

Den Teig nach Vorschrift auf der Packung zubereiten. • Den gegangenen Teig zu einer länglichen Platte, etwas größer als die doppelte Größe des Schinkens, ausrollen. Eine Kuchentrick-Oblate etwas größer als das Schinkenstück zurechtschneiden, auf den Teig legen und den Schinken daraufsetzen. Die Teigränder mit Wasser bestreichen und um den Schinken schlagen. Nahtstellen gut aufeinanderdrücken, Seitenenden unter den Teigmantel drücken. Das Brot auf ein gefettetes Backblech legen, mit einem Tuch bedecken und weitere 15 Minuten gehen lassen. • Die Oberseite zweimal mit scharfem Messer einritzen, mit Wasser bestreichen. Den Backofen auf 200° C (Gas Stufe 4) vorheizen und das Brot auf der untersten Schiene 60 Minuten backen lassen.

Fleischbrot

1 Packung Brotmischung Zwiebelbrot, ¼ l lauwarmes Wasser
Für die Füllung: 300 g Hackfleisch, 100 g Hakkepeter, 1 gehackte Zwiebel, 2 Eßl. Semmelbrösel, 1 Ei, Salz, Pfeffer, Kapern

Den Teig nach Vorschrift auf der Packung zubereiten. • Die Füllung aus den angegebenen Zutaten mischen und nach Geschmack würzen. • Den gegangenen Teig in der Größe 25 × 30 cm ausrollen. Der Länge nach 3 etwa 10 cm breite, gleichgroße Felder markieren. Das Mittelfeld mit dem Hackfleischteig belegen. Die äußeren Felder zur Mitte hin in etwa 2 cm breite Streifen schneiden. Diese über der Füllung abwechselnd schräg übereinanderlegen, so daß ein dichtes Gitter entsteht (siehe Zeichnung Seite 23). • Das Brot vorsichtig in eine ausgefettete Kastenform (35 cm) legen. Zugedeckt an warmem Ort nochmals 15 Minuten gehen lassen. • Den Backofen auf

200° C (Gas Stufe 4) vorheizen. Das Fleischbrot auf der Mittelschiene 50 Minuten backen lassen. • Etwas stehenlassen, dann aus der Form nehmen und warm servieren.

Schnelle Bierbrötchen

1 Packung Brotmischung Zwiebelbrot, ¼ l Wasser, etwas Bier, 1 Teel. Kümmel oder grobes Salz

Den Teig nach Anweisung auf der Packung zubereiten, zu einem Strang rollen und in 8 Stücke schneiden. Jedes Stückchen zu einer glatten Kugel formen. Die Kugeln auf gefettetem Backblech zugedeckt 15 Minuten gehen lassen. • Die Brötchen mit Bier bestreichen, mit Kümmel oder Salz bestreuen und sofort auf der Mittelschiene in den auf 225° C (Gas Stufe 4–5) vorgeheizten Backofen schieben. 30 Minuten backen lassen.

Mosse's Sonntagsbrötchen

125 g Mosse's Weißes für irisches Landbrot, 30 g Zucker, 60 g Rosinen, 30 g Butter, 5 Eßl. Milch

Alle Zutaten gut verrühren und kurz durchkneten. Bemehlen, 5 Brötchen formen und im vorgeheizten Backofen bei 220° C (Gas Stufe 4–5) auf der obersten Schiene 10–12 Minuten backen lassen.

Irisches Klosterbrot

500 g Mosse's Braunes für Klosterbrot, 0,3 l Wasser, Kümmel nach Geschmack

Den Teig nach Vorschrift mischen und kurz durchkneten. Einen Brotlaib formen und sofort im vorgeheizten Backofen bei 200° C (Gas Stufe 4) auf der Mittelschiene gute 40 Minuten backen lassen.

Zwei Seitenbacher Katenbrote

Sehr wohlschmeckend mit schöner Kruste. Das Wasser langsam zugeben, der Teig wird sonst zu weich.

1 Brotsack Fertigmischung Katenbrot mit Natursauerteig, 3–4 Teel. Salz, knapp ½ l warmes Wasser, 50 g Speck, 1 kleine Zwiebel, 1 Eßl. frischer grüner Pfeffer

Den Brotteig nach den Anweisungen im Brotsack zubereiten. Dabei darauf achten, daß der Natursauerteig nicht zu kalt ist, damit er sich gut entfalten kann. • Den Speck und die Zwiebel kleinwürfeln, zusammen anbraten und bräunen. Abkühlen lassen. • Den Teig halbieren und unter die eine Hälfte die Speck-Zwiebel-Mischung und die Pfefferbeeren kneten. Beide Teigballen glatt rollen, dann zugedeckt gehen lassen. • 2 Kastenformen ausmehlen, die Brote formen und darin nochmals gehen lassen. • Die Brote einschneiden und nach Anweisung backen.

Rezept- und Sachregister

Die *kursiv* gesetzten Seitenzahlen verweisen auf Farbbilder.

Rezept- und Sachregister